Прочтите то, что другие не могут:
Совершенствуйте свои социальные и коммуникативные навыки

Прочтите то, что другие не могут

Совершенствуйте свои социальные и коммуникативные навыки

Я Джей Наяк

Индия
2023 год

СОДЕРЖАНИЕ

Глава 1: Резюме

Было бы замечательно, если бы люди смогли понять, что происходит внутри нашего мозга — одного из самых сложных органов, когда-либо созданных, — где обретают форму великие идеи и инновации. Разве не было бы чудесно, если бы даже ученые и технологии смогли раскрыть его тайны – неотъемлемый компонент, которому сегодня нет эквивалентной замены в машинах?

Так что же происходит внутри нашего мозга?

Можно утверждать, что знание того, что на самом деле думают люди, поможет улучшить общение и защитит нас от потенциальной опасности. Читать людей может показаться невозможным, но это может оказаться решающим фактором в устранении сомнений и неправильных суждений в повседневных ситуациях с коллегами, незнакомцами и близкими людьми.

Что нужно, чтобы точно интерпретировать людей? В идеале, необычные степени должны были бы обеспечить достаточные знания о его внутренней работе; в противном случае это может зависеть от интуитивных способностей, унаследованных от родителей, или от скрытых секретов, которые нужно раскрыть - я считаю, что все факторы играют свою роль.

Даже несмотря на все когда-либо написанные книги о функциях мозга, точно читать людей остается невозможным. Хорошие гены или какие-либо важные секреты, раскрытые через поиск Google, также не помогут; Чтобы по-настоящему понять чью-то внутреннюю работу, необходима наука: понимание того, почему люди думают, что они делают, и как они реагируют, является ключом к пониманию другого человека.

Расшифровка тщательно охраняемых секретов требует знаний, наблюдения и понимания событий, а также сильной интуиции для получения точных выводов. Однако самое главное — найти подходящее направление и начать путешествие!

И эта книга воплощает эту цель. Он разбивает науку на понятные части, чтобы предоставить читателям всю информацию, необходимую для чтения мыслей, в простой и интересной форме. За все годы обучения людей эффективным методам общения я пришел к выводу, что информация, которая не приносит прямой пользы для достижения цели, может быстро стать бесполезной, хотя я знаю, что происходит с левым полушарием мозга, когда вы рисуете птицу правой рукой. может быть увлекательным, но становится бессмысленным, если не планировать рисовать с его помощью в будущем.

Поэтому я тщательно отобрал научную информацию, адаптированную специально для вашей цели чтения мыслей других людей. Я избегал сложной терминологии и придерживался главного: простых выводов с четкими объяснениями.

Но это только один аспект чтения мыслей; есть намного больше. Есть секреты, самооценка, тонкие знаки и приемы общения, которые можно использовать, чтобы стать более внимательным слушателем. Я использую аналогию с восходящим солнцем, обучая студентов освоению любого ремесла.

Каждое утро я спрашиваю своих учеников, во сколько встает солнце. Те, кто просыпается рано, имеют некоторое представление о том, когда встает солнце, по сравнению с теми, кто ложится поздно; никто не может назвать точную минуту, поскольку никто не был достаточно мотивирован или наблюдателен, чтобы точно знать, когда именно. Итак, я даю им упражнение – то, что я советую вам сделать сейчас и себе.

Представьте себе, что каждое утро перед восходом солнца вы сидите на балконе и читаете газету, потягивая кофе. Легко ли вам было бы точно узнать, когда взошло солнце? Ваш ответ может быть более точным, поскольку присутствие там, когда это произошло, дает хорошее понимание его «окна времени».

Представьте себе, что вы сидите на балконе лицом к востоку, смотрите на то место, где восходит солнце, наблюдаете, как его тепло окрашивает небо золотистыми оттенками на горизонте, а затем немедленно проверяете свои часы; ваша точность будет непревзойденной в тот конкретный день, потому что вы знали, откуда она берется, и были сосредоточены на своей текущей задаче; ваша интуиция также включится, позволяя делать точные оценки даже без непосредственного наблюдения - вы будете точно знать, когда взойдет солнце, несмотря на постоянную смену часовых поясов!

Теперь, если бы я спросил группу студентов, в какое время восходит солнце, те, кто действительно посвятил себя его открытию, дали бы наиболее точный ответ. Именно так работает чтение мыслей; это требует знаний, наблюдения и понимания того, что каждый человек думает по-своему, поэтому не существует универсального решения, подходящего всем.

Понимание всех факторов, влияющих на наблюдение за кем-либо, требует знаний и приверженности. Вам нужна надежная стратегия, которая направит вас в правильном направлении — именно здесь вам поможет эта книга — я предоставляю вам все необходимое, чтобы стать искусным читателем.

Эта книга опровергает мифы и недостоверную информацию, доступную в Интернете о читающих людях. Например, скрещенные руки могут сигнализировать о необходимости защищаться; но в холодной комнате или сидении на стуле без подлокотников такое поведение может быть просто следствием влияния окружающей среды, а не особенностей личности.

Верить или читать случайные, ничем не подтвержденные «факты» ненужно и вредно; неправильно понимать людей хуже, чем не знать их вообще! Чтение мыслей не предполагает шпионажа или навязчивости — скорее, оно предполагает понимание того, что на самом деле кто-то имеет в виду, когда говорит или общается с нами; понимание их мыслей позволяет нам осознавать их эмоции при ответе.

Факт в том, что только 7% общения происходит вербально, остальное происходит невербально. Чтение мыслей предполагает понимание того, что испытывает кто-то другой, путем знания его истинных намерений, стоящих за тем, что он говорит, а не того, что осталось недосказанным - эта очень информативная и хорошо исследованная книга предлагает нечто большее, чем просто теоретический подход к чтению мыслей.

Эта книга предлагает целевые знания и понимание, анекдоты из моего собственного опыта и знаний, а также полный комплексный подход, который не оставляет камня на камне, когда дело доходит до понимания недосказанного мира. Мы также рассмотрим различные типы личности, мотивацию и цели, чтобы вы могли понять, как именно думают определенные люди, почему они общаются так, как они это делают, и как вы можете достичь личных целей с помощью их сообщений — так что давайте начнем сейчас.

Что такое чтение мыслей? На первый взгляд чтение мыслей может показаться некоей формой колдовства или неэтичной практики, целью которой является проникновение в личные мысли людей и нанесение им ущерба; знание того, что кто-то может читать ваши мысли, скорее всего, вызовет тревогу, независимо от статуса ваших отношений с ним; знание того, что они обладают такой силой, может заставить нас бежать в ужасе — не может быть большей сверхсилы, чем знание всего, что происходит внутри нашего мозга! Но на самом деле речь идет скорее о понимании, чем о вторжении.

Чтение мыслей – это создание уверенности во время разговора с кем-то, зная, что его сообщение не будет искажено или неправильно понято. Чтение мыслей позволяет нам понимать невысказанные слова и укреплять общение между участвующими сторонами — бесценный навык, который позволит вам построить более прочные связи как в профессиональном, так и в личном плане.

Наши любимые люди, как правило, те, кто нас внимательно слушает и понимает; такие люди, как педиатр или дантист, которые знали, когда наше «со мной все в порядке» звучит не совсем правильно; незнакомцы в автобусах, которые понимали, когда мы меняли вес, и уступали места, когда это было необходимо.

Эти люди слушают, наблюдают и понимают наши потребности и эмоции с состраданием и пониманием; они не навязчивы, а вместо этого оказывают неоценимую поддержку. Их способности включают в себя точное знание того, что нужно делать, а также наличие навыков, необходимых для построения долгосрочных отношений с помощью этой почти сверхчеловеческой способности - именно на тех людей, на которых мы втайне хотели бы больше походить - не рожденных с этой способностью, но созданных сознательное решение быть более внимательными к окружающим.

Читатели мыслей знали, насколько важно эффективное общение; они понимали, что эффективный диалог требует внимательного слушания и глубокого понимания того, что было сказано за пределами слов. Они уделяли одинаковое внимание тишине, тону, мотивации, намерениям говорящих, а также осознавали свое окружение и людей, выходя за рамки предрассудков, суждений и ограничений, чтобы оценивать разговоры, чтобы выявить скрытые истины - взамен получая доверие, понимая уважение как а также принимать более правильные суждения и решения как в профессиональном, так и в личном плане.

Чтение мыслей похоже на то, что кто-то переводит для вас иностранный язык. Они могли сделать это буквально или объяснить свою мотивацию, стоящую за некоторыми сказанными словами, звучащими по-иностранному.

Читающие люди — это не просто еще одно искусство или уловка, используемая для вторжения в чью-то личную жизнь; скорее, это искусство, которое уважает эмоции и мысли человека.

Научиться читать людей — один из лучших способов обеспечить плавность и полноту разговора. Навыки чтения мыслей уберут любые догадки во время разговора и заменят их пониманием, состраданием и элементами построения отношений. Способности чтения мыслей могут существенно изменить взаимодействие на сетевых мероприятиях, собраниях на рабочем месте или при встрече с кем-то, кого вы считаете очень привлекательным; Способность читать мысли может оказать невероятное влияние на результаты взаимодействия между двумя людьми.

Чтение мыслей — это искусство, которое требует глубоких знаний о том, как работает человеческий мозг, мысленного присутствия, избегания суждений и наблюдений, но, что наиболее важно, оно включает в себя создание идеального сочетания всех этих требований для понимания чужих мыслей независимо от того, кто они. их личность или статус ваших отношений с ними.

Чтение мыслей — это глубокая тема, поэтому мы рассмотрим каждый аспект индивидуально, прежде чем предложить стратегии применения этих идей для создания идеальной среды для чтения мыслей!

Первая часть охватывает все, что вам понадобится, чтобы отправиться в путешествие по пониманию людей и общению. В нем описывается, чего можно ожидать, пытаясь читать людей, а также ошибки или препятствия, с которыми мы можем столкнуться, пытаясь интерпретировать то, что сообщает кто-то другой; кроме того, он решает некоторые проблемы, с которыми мы сталкиваемся сегодня на постоянно развивающейся коммуникационной арене.

Вторая часть исследует все, что связано с нашим разумом. В нем описывается, как работает наш мозг, и определяются индивидуальные различия как генетические. Кроме того, эта часть поможет вам понять, почему люди ведут себя определенным образом, и исследует различные типы личности, чтобы вы могли смотреть на людей более объективно и лучше судить о них.

Часть третья посвящена вам и тому, что вы предлагаете. Есть два основных аспекта понимания человека: знание его образа мышления и понимание СВОЕГО. К сожалению, ментальные барьеры часто мешают нам правильно понять кого-то. Наша собственная склонность быстро судить и делать предположения, основанные на личных предубеждениях, мешает нам правильно понимать других.

Четвертая часть предполагает использование всего, что было изучено на данный момент, и применение этих принципов на практике. Здесь вы откроете маленькие секреты и стратегии, позволяющие понять истинное значение слов, обнаружить обман и получить полную власть над чужим разумом.

Излишне говорить, что вы приступаете к написанию полной книги и всеобъемлющего ресурса, чтобы стать читателем на уровне офицера-следователя.

Часть первая: заложите фундамент

Начало любого нового пути требует понимания мотивов предпринятых действий и того, почему происходит определенное поведение. Вам нужно знать, почему необходимо чтение мыслей, и предвидеть любые проблемы, связанные с его процессом; почему то, что выражается, не переводится напрямую?

Не так давно общение заключалось в том, чтобы сидеть лицом к лицу с другим человеком, глядя вместе, и иметь достаточно времени, чтобы вы оба могли говорить и быть услышанными. Однако со временем методы общения значительно изменились: хотя новые формы позволили осуществлять глобальное взаимодействие, они также снижают качество взаимодействия из-за многозадачности, происходящей одновременно с разговором между вами. Это значит, что разговоры потеряли свою ценность.

Нехватка времени
Наше время постоянно на кону. Хотя сегодняшние технологии приносят нам некоторое облегчение — заранее приготовленные блюда могут сократить время приема пищи до нескольких секунд на один прием пищи, а виртуальные встречи часто планируют встречи в пути, чтобы сэкономить время — кофе стал «на ходу», а общение часто строится на основе мысленных контрольных списков, которые мы творить в наших умах.

Прошли времена дистанционного общения, которое ограничивало взаимодействие
Давно прошли те времена, когда мы либо общались лично, либо писали длинные письма, на отправку которых могли уйти месяцы; когда каждое слово что-то значило в окончательном варианте. В настоящее время общение принимает множество различных форм, что часто ограничивает взаимодействие.
Сегодня существует множество способов общения с другим человеком: электронная почта, текстовые сообщения, взаимодействие в социальных сетях, голосовые заметки, видеозвонки и телефонные звонки — это лишь некоторые из доступных нам способов общения. Встреча с кем-то лицом к лицу в основном была заменена встречами Zoom или видеозвонками, поскольку обсуждаемые темы переместились в онлайн. Основным недостатком является то, что эти формы цифрового разговора ограничивают общий опыт общения.
Текстовые сообщения не позволяют нам точно оценить чей-то тон и выражение лица, поэтому односложные ответы могут быть вызваны скукой, несогласием или отвлечением от одновременного общения с несколькими другими сторонами.
Собеседование, проводимое по телефону, ограничивает вашу способность понимать, как рекрутер получает и обрабатывает ваши ответы. Поскольку между вами и ними нет взаимодействия, точное понимание других может стать все более сложной задачей.

Специалисты по общению в социальных сетях

Анонимность может быть невероятной силой; это позволяет вам незаметно доминировать, одновременно давая вам возможность быть услышанным без ответственности; предоставлять другим доступ к несметным богатствам без ограничений со стороны паспортного контроля — это все равно, что иметь крылья без ограничений относительно того, куда и когда вы летите.

Анонимность набора текста, ограниченная только скоростью набора текста, позволяет вам говорить то, что в противном случае вы бы никогда не сказали кому-то лично.

Случайные мысли становятся мнениями, которые затем перерастают в дебаты. Никогда не знаешь, действительно ли она не нравится человеку, критикующему вашу прическу, или у него самого просто был плохой день с прической; их свобода слова не позволяет понять, как люди думают и воспринимают конкретную информацию.

Глобальные коммуникации между культурами

Мы больше не общаемся исключительно внутри наших местных сообществ, поскольку бизнес и отношения пересекают границы. Культуры стали смешиваться по мере того, как наши способы взаимодействия распространились по всему миру: то, что считалось уважительным поведением с одной стороны, теперь может рассматриваться как оскорбительное с другой стороны. Вступление займет время, поскольку мы адаптируемся и принимаем эти различия друг с другом, одновременно учась тому, как сосуществовать и более эффективно общаться через границы.

Мы не только должны преодолеть языковые барьеры, но часто может быть необходимо признать, что безразличие другого человека к зрительному контакту может быть вызвано не скукой, а скорее уважением. Со временем мы должны разработать взаимоприемлемый способ общения между культурами.

Поскольку эти глобальные коммуникации становятся все более эффективными, их последствия наиболее остро ощущаются дома; часто приводит к замешательству и шоку, а не к неспособности людей понять других.

Давным-давно разговоры велись вокруг охоты, семьи, детей и выживания. Хотя разговоры были сосредоточены на этих темах, теперь мы можем обсудить гораздо больше - от банковского дела и инвестиций до спорта, технологий и даже цифровизации, существует так много тем и подтем, которые можно обсуждать подробно.

Интересы никогда не были такими разнообразными; поддержание разговора между ними может оказаться чрезвычайно сложной задачей. Ваш ум может легко блуждать, когда вы разговариваете с кем-то, чьи интересы значительно расходятся с вашими; это приводит к путанице и неправильному толкованию действий, что делает чтение чьих-то мыслей еще труднее, чем раньше.

Поскольку наш мир быстро меняется, может быть сложно идти в ногу с его быстрым развитием и вести содержательные и продуктивные разговоры с людьми. Чтобы сделать это успешно и правильно их прочитать, необходимо помнить об этих факторах, развиваясь одинаковыми темпами.

Глава 4: Вы упускаете более широкую картину?

Что нужно, чтобы получить потрясающую работу? mes Если бы речь шла только об успеваемости в школе и колледже, в личных собеседованиях даже не было бы необходимости. Получали ли вы когда-нибудь предложение после того, как просто просмотрели профили потенциальных кандидатов на работу в LinkedIn и были впечатлены текущими рабочими позициями? Это крайне маловероятно; Степени не всегда указывают на то, является ли кто-то идеальным кандидатом.

Компании глубоко заботятся о вашем мышлении, привычках, а также о том, насколько ваши мысли и ценности совпадают с мыслями и ценностями компании — аспект, который переносится и в жизнь. Например, при выборе спутника жизни речь идет не просто о поиске комиков; скорее вам следует найти кого-то, с кем вы разделяете схожее понимание того, как устроен мир, посредством невербальных средств, таких как прикосновение рук.

Это правда, что жизнь и люди часто могут быть сложными; никто не дает простого ответа, когда дело касается общения или социальных отношений. На их поверхности не всегда можно найти предупреждающие знаки, предупреждающие нас о лжи, оскорблениях или запугивании. Исследования человеческой природы привели ко многим замечательным открытиям. Существуют модели вербального и физического поведения, которые раскрывают эти истины с поразительной точностью, и их часто внимательно изучают профессионалы, стремящиеся понять этот аспект нашего существования. В число таких лиц входят секретные агенты, психологи, следователи, консультанты и присяжные. Их изучение человеческих моделей поведения позволяет им быстро определить, честен ли кто-то, скрывает секреты или занимается преступным поведением, что помогает им принимать более обоснованные суждения, чтобы защитить себя и других от потенциальной опасности.

Излишне говорить, что сегодня в обществе практически не уделяется должного внимания навыкам межличностного общения. Поэтому их следует преподавать в школах и колледжах независимо от программы, которую выбирают студенты; читающие люди не должны ограничиваться только психологическими исследованиями; маркетологи, врачи, медсестры, юристы, рекрутеры, спортсмены — любой профессионал, работающий с людьми, также должен освоить этот навык.

Мастерство в коммуникациях и чтении людей

Чтение людей — это недооцененный навык, который часто недооценивается, как и его связь с речью. Не все думают одинаково и говорят одинаково — все зависит от воспитания, окружения, эмоций и типов личности, которые влияют на то, что мы говорим — это означает, что один человек может сказать одно, а другой может интерпретировать это совершенно по-другому; в конечном итоге все сводится к способности читать людей достаточно точно, чтобы точно понять, что каждый другой человек имеет в виду под тем, что он пытается сказать.

Отношения По мнению Генри Винклера, предположения – это термиты отношений – наблюдение, которое не может быть более верным! Неважно, кого это касается; супруг, родители, друзья или братья и сестры: предположения и недоразумения часто служат основными катализаторами возникновения конфликтов в этих отношениях; часто неверно интерпретируется как отсутствие интереса с их стороны или попытка того или иного брата или сестры поделиться достижением, которое считается втиранием его. В нашей повседневной жизни часто случается, что что-то, что мы говорим, может быть полностью вырвано из контекста или совершенно неверно истолковано по-другому. другими, заставляя нас сомневаться в их намерениях!

Если бы они только поняли, что мы на самом деле имели в виду, эмоции или искренние обиды не были бы ошибочно истолкованы как отстраненность и жалобы. Слишком часто мы ожидаем, что близкие родственники уловят тонкие намеки, настроения, завуалированные сообщения или инсинуации без необходимости заявлять о себе напрямую; не поэтому ли общение является такой формой искусства: понимать, что имеют в виду другие, не высказываясь самому?

Иногда бывает сложно точно прочитать знаки в отношениях. Понимание, концентрация и осознанный ум необходимы, если мы хотим точно интерпретировать эти знаки; однажды приобретенное, оно может иметь огромное значение для поддержания здоровых отношений. По соседству с нами жила одна пара, которая считала, что ее муж вздрагивает каждый раз, когда лжет ей; из-за чего они часто дрались!

Каждый раз, когда она задавала ему каверзный вопрос, мы все внимательно наблюдали за его верхней губой, покрытой внушительными усами, и наблюдали, как она начинала дергаться в ответ. В тот момент у меня сложилось такое впечатление: она точно знала, как определить, когда он лжет! Эта информация не сулила ничего хорошего, поскольку они часто ссорились из-за нее - до тех пор, пока спустя годы, когда они не обратились за помощью, они узнали, что она дернулась не потому, что он лгал, а скорее из-за нервозности! Такие предположения нанесли столько вреда в их отношениях!

Точное понимание людей может помочь вам преодолеть такие предположения и лучше понять отношения, независимо от того, насколько хорошо кто-то может выражать свои мысли устно.

Карьера
Если бы вы знали, что ваш начальник не испытывает проблем за пределами рабочего места, которые задерживают выполнение его работы вовремя, а не просто расстраивается из-за опоздания, ваш подход мог бы быть другим: вместо этого

предложить моральную поддержку и пространство. постоянная критика задержек, скорее всего, укрепит эмоциональные связи с ним или с ней и может открыть двери для возможностей, улучшения отношений и более эффективной командной работы.

Большинство профессий предполагает совместную работу в командах для достижения результатов, будь то врачи, учителя или менеджеры. Независимо от вашей специальности — от медицины и преподавания до управленческих должностей — понимание и хорошее взаимодействие с другими специалистами имеет решающее значение для эффективного и максимально эффективного выполнения работы. Лидеры, в частности, должны сотрудничать с широким кругом людей, каждый из которых обладает разными талантами, недостатками и реакциями, когда сталкивается с проблемами или критикой. Понимая, почему кто-то реагирует так, как он, вы можете адаптировать ответы соответствующим образом и оптимально использовать его способности.

Сегодня компании вкладывают значительные средства в создание приятной рабочей среды для своих сотрудников, понимая, что сотрудники — это их самая большая инвестиция, и они должны оставаться довольными и счастливыми, чтобы работать с максимальной отдачей. Стимулы предлагаются все чаще, при этом больший упор делается на удовлетворенность сотрудников. Компании должны уважать индивидуальность каждого сотрудника, одновременно удовлетворяя эмоциональные потребности; чтение может предоставить бизнесу эффективный инструмент для достижения этой цели. Читающие люди также могут помочь сотрудникам удержать сотрудников, создавая атмосферу, способствующую благополучию и производительности.

Социальная жизнь
Люди необходимы для нашего благополучия; они поддерживают эмоциональное благополучие, основные потребности и общее психическое благополучие. Все люди хотят, чтобы их услышали и поняли, поэтому люди, которые предоставляют другим безопасное пространство для выполнения именно этого, часто привлекают правильные энергии — представьте, что вы разговариваете с кем-то, кто точно понимает, что вы пытались сказать, без необходимости бесконечных объяснений; вы, вероятно, будете искать этого человека на каждом возможном мероприятии!

Психическое и эмоциональное здоровье. Понимание наших собственных мыслей может быть достаточно сложной задачей; часто наши реакции проистекают из несвязанных источников: недостаток сна может сделать вас раздражительным или пьяным, а мелочи могут легко вызвать нашу реакцию, и мы не поймем, почему они это сделали. Эмоциональный интеллект играет огромную роль в поддержании нашего эмоционального и психического благополучия, помогая нам распознавать и понимать наши собственные эмоции; Чтение вслух добавляет еще один уровень понимания, поскольку позволяет нам легче расшифровать намерения других людей, например, понимание того, что вспышка гнева вашего партнера может с такой же легкостью исходить от двухлетнего ребенка, который пропустил сеанс сна!

Понимание людей может помочь вам сохранять спокойствие и позитивный настрой даже во времена сильных эмоций. Дистанцируясь от насмешек и припадков, которые могут показаться направленными против вас, но на самом деле вызваны другими, понимание позволит вам сохранять позитивный настрой даже во времена суматохи и трудностей.

Чтение людей может потребовать времени и практики, но овладение им стоит того, чтобы создать более прочные отношения как с другими людьми, так и с самим собой. На работе это обеспечит более продуктивную командную работу, а в общественной жизни поможет создать более крепкую сеть друзей, предлагая им безопасное пространство для понимания и свободного общения.

Глава 5. Прежде чем двигаться вперед, устраните препятствия и предубеждения

Что мешает нам понимать людей? Хотя дословное чтение мыслей на данный момент остается за пределами возможности, никакие достижения искусственного интеллекта, технологии или медицины не смогли расшифровать сложную нервную схему внутри каждого из нас, но что-то все еще мешает нам точно понимать устную речь. язык?

Что вам мешает правильно читать людей?

Вам сложно правильно понимать людей? Так что же вам мешает правильно расшифровать, что люди подразумевают под теми или иными действиями и словами? Читать людей должно быть так же просто, как понимать выражения лиц, тон и диалог других, однако это не всегда происходит — одни и те же слова, сказанные одними и теми же людьми в разных случаях, могут иметь совершенно разное значение!

Кто-то может сказать вам: «Я понимаю, что вы имеете в виду», но его тон может указывать как на комплимент, так и на критику.

Иногда легко уловить чей-то тон; в других случаях это может быть не так. Мы можем неправильно истолковать то, что кто-то имеет в виду, по множеству причин; Вот несколько факторов, которые влияют на то, как мы интерпретируем людей:

Знать их слишком хорошо или недостаточно хорошо: по мере того, как ваши отношения с кем-то укрепляются, их ожидания от вас соответственно возрастают. Наши близкие ожидают, что мы поймем, что они имеют в виду, без необходимости объясняться или эффективно общаться. «Глаза должны говорить», когда вы близко знаете кого-то, но они часто неправильно общаются, когда не в правильном настроении. За каждым взглядом всегда скрывается нечто большее, чем кажется на первый взгляд; иногда эта история может даже остаться для вас неизвестной! То, что кто-то говорит или имеет в виду, может сильно различаться в зависимости от его личности, окружения, мыслей и других повседневных влияний — может быть трудно точно понять, почему кто-то может быть в плохом настроении; может быть потому, что их начальник огорчил их.

Подобно неправильному толкованию слов и действий человека, которого мы недостаточно хорошо знаем, недостаточное знание кого-то также может привести к неправильному толкованию слов и действий. Интроверт не имеет ничего против вас – просто ему требуется больше времени, чтобы открыться, чем большинству людей. Поэтому попытка читать всех на равном уровне, скорее всего, закончится неудачей.

Игнорирование контекста и сосредоточение внимания на знаках. Избегание зрительного контакта может указывать на то, что кто-то лжет; но это также может сигнализировать об отсутствии интереса или низкой самооценке; Одна из худших ошибок, которую можно совершить, пытаясь читать людей, — это применять то, что вы читаете, без учета контекста и принятия во внимание всех аспектов при попытке прочитать кого-то. Читая людей, вы должны учитывать все факторы, а не использовать только фрагменты информации из одной книги в качестве доказательств против одного человека.

Влюбляйтесь в покерфейс: не делайте предположений исключительно на основе языка тела, слов или выражений лица, когда читаете людей. Чтение людей предполагает сбор данных о людях перед их тщательным анализом для формирования точных предположений о них. Например, не думайте, что кто-то нервничает только потому, что у него потеют ладони - обратите внимание и на другие признаки, указывающие на подобную нервозность, например, ерзание, нервозный вид при разговоре вслух, заикание при разговоре и т. д. Возможно, он просто на вас слишком много слоев одежды, и вам слишком жарко внутри!

Не осознаете своих эмоций. Возможно, вы настолько поглощены тем, как ведет себя кто-то другой, что не можете оценить свои чувства, основываясь на том, как ведет себя другой человек, или на своем собственном восприятии его? Возможно, ваши собственные предубеждения, предубеждения или их понимание мешают вам увидеть общую картину; Чтобы точно читать людей, нужно начать с самосознания и понимания того, как вы воспринимаете людей.

Ошибка в личности или ситуации. Поведение, искажающее ситуацию. Есть два ключевых компонента, влияющих на чьи-либо действия: окружение и личностные качества. К сожалению, при общении с незнакомцами и знакомыми бывает сложно провести различие между ними, что приводит к неверным оценкам того, что люди пытаются сообщить. Слишком поспешные выводы означают, что вы даете себе достаточно времени, чтобы понять, обусловлена ли реакция человека личными предпочтениями или внешними силами, с которыми ему приходится бороться.

Поддайтесь предвзятости подтверждения: когда мы формируем предвзятые представления о ком-то и связываем с ним ярлыки в своем уме, все, что он говорит или делает после этого, служит для обоснования этих оценок о нем и подтверждения наших собственных мыслей о нем. Однако, поступая так, мы можем не дать себе увидеть полную картину и вместо этого сосредоточиться на том, что мы воспринимаем как реальность.

Поддаваться личностным предубеждениям. Когда мы находим кого-то привлекательным, наш разум создает в нем слишком позитивный образ. Это также относится к людям, чьи привычки, хобби или выбор напоминают наши; наше мнение, как правило, более благоприятно о ком-то, к кому мы чувствуем влечение, по сравнению с кем-то, отличным от того, чего мы ожидали, что затрудняет точную оценку того, кем на самом деле является этот человек.

Влияние вашего прошлого. Если кто-то недавно обманул вас, скорее всего, вы с большей неохотой будете доверять тому, что кто-то говорит сейчас. Наш прошлый опыт может повлиять на то, как мы судим других людей.

Негибкость: если вы придерживаетесь твердого мнения о чем-то, а кто-то с ним не согласен, могут возникнуть психические барьеры, мешающие принять и понять друг друга полностью и объективно. Например, если вы предпочитаете тратить свои деньги с умом и придерживаетесь разумных инвестиционных стратегий, это может привести к тому, что вы будете негативно судить о тех, кто тратит, не обращая внимания на эти вопросы.

Дело в том, что у всех нас есть предвзятые представления о том, какое поведение других людей считается приемлемым. Хотя тяготеть к людям со схожими идеологиями и мыслительными процессами или общаться с ними — это совершенно нормально, выработка резких суждений о людях, которые не соответствуют нашей идеологии, может создать барьеры между пониманием того, как думают и ведут себя другие, и полным пониманием нами их точек зрения и поведения. Чтобы по-настоящему понять других и принять их различия.

Глава 6: Понимание различных стилей общения

Окружающая среда, воспитание и личность играют роль в том, как мы общаемся; Наше окружение, воспитание и личностные качества влияют на наши слова, мысли и действия. Эксперты по личности определили конкретные черты и методы общения, которые обычно используют люди: Personlichkeit Assertive; Агрессивный; Пассивно-агрессивный

* Манипулятивный

По мере того, как вы лучше знакомитесь с людьми, ваша способность определять их стиль общения становится лучше. Понимание того, почему кто-то говорит определенным образом, также улучшится. На первый взгляд, пассивные коммуникаторы склонны избегать зрительного контакта и соглашаться со всем, что вы говорите, поэтому возможность распознать их стиль общения позволит более точно оценить личностные качества и взаимоотношения. Конкретные ситуации и отношения требуют разных форм диалога. Стили общения различаются в зависимости от того, кто говорит; вы можете использовать пассивно-агрессивные стратегии при общении с людьми, которые вам не нравятся, и более манипулятивные методы при общении с незнакомцами. Понимание этих стилей принесет пользу не только вам, но и другим. Итак, давайте углубимся, чтобы увидеть, как работает каждый стиль общения, и выявить похожие стили у других людей.

Напористый стиль общения

Этот стиль общения считается одной из наиболее эффективных форм. Тот, кто использует этот подход, имеет твердые убеждения и не уклоняется от того, чтобы поделиться ими; говорят ясно, не умаляя чужих убеждений; уважать различные точки зрения, свободно выражая свои собственные; они демонстрируют высокую самооценку, стремясь к консенсусу и компромиссу во время дискуссий.

Настойчивых коммуникаторов можно легко узнать по тому факту, что они часто используют «Я» в разговоре. Например, они могут сказать что-то вроде: «Я считаю, что нам нужно больше поддерживать ее взгляды», вместо того, чтобы сформулировать это так: «Вы должны быть более сговорчивы со всеми точками зрения». Эти люди также склонны проявлять позитивный настрой при общении.

Ниже приведены несколько характерных признаков напористого стиля общения: * Они уверенно выражают свои потребности и желания.

* Они поддерживают зрительный контакт. * Они без колебаний говорят «нет», когда это уместно. * Они дают каждому равный шанс внести свой вклад.

* Они используют утверждения «Я».

Чтобы эффективно общаться с напористым оратором, позвольте ему свободно выражать свои мысли и позвольте ему точно сформулировать, что он чувствует, когда ему предоставляется для этого пространство. Настойчивые люди склонны свободно делиться своими точками зрения, когда им предоставляется такая возможность, поэтому их легче читать и интерпретировать, чем другие стили, если вы находите что-то запутанным; просто задавайте свои вопросы! Они с радостью дадут ответы на все вопросы!

Агрессивный стиль общения

Люди, использующие этот стиль общения, склонны быть агрессивными и враждебными. Их цель в разговорах всегда — победить любой ценой, и они часто считают, что их вклад в разговор намного превышает вклад других участников. Содержание и контекст имеют тенденцию теряться из-за того, как эти люди передают свои сообщения: агрессивные коммуникаторы часто используют запугивающий и уничижительный тон во время разговора; такие люди могут сильнее сопротивляться тем, кто придерживается схожего стиля, из-за чего их взаимодействие становится довольно трудным для чтения, поскольку все, что они говорят, теряется в их борьбе за доминирование в разговоре.

Ниже приведены несколько явных признаков того, что у кого-то агрессивный стиль общения: * Они склонны перебивать других. * Они часто показывают пальцем. * И, наконец, они хмурятся.

* Эти люди склонны запугивать, принижать, критиковать и угрожать другим. Они также требовательны и контролируют.

* Коммуникаторы, выражающие свои идеи или мысли агрессивным тоном, склонны использовать такие утверждения, как «потому что я так сказал!» утвердить свою власть. Основное различие между напористыми и агрессивными коммуникаторами — это их стремление к доминированию; настойчивый коммуникатор предпочитает руководить, а не быть управляемым. Разговаривая с кем-то агрессивным, старайтесь вести разговор целенаправленно и по теме; даже если разговор зашел в тупик, верните его, оценивая то, что он говорит, а не принимая во внимание его тон, пытаясь понять его сообщение.

Пассивный стиль общения

Пассивные коммуникаторы, также называемые покорным стилем общения, склонны сосредотачиваться на том, чтобы доставить удовольствие другим людям, избегая конфликтов и поддерживая разговор в дружеской манере. Они не любят конфронтации и часто в ответ соглашаются или говорят «да». Вопреки тому, что может показаться на первый взгляд, люди с таким стилем общения не всегда участвуют в позитивном диалоге — их неэффективная способность донести свою точку зрения может со временем привести к сильному негодованию и негативу; Пассивным коммуникаторам сложно ясно выражать свои мысли, в то время как пассивным коммуникаторам может быть даже трудно читать, поскольку мы почти не слышим, как их мысли выражаются открыто!

Вот некоторые признаки того, что человек ведет пассивное общение:

* Они редко смотрят в глаза.

* Их поза некачественная. * Их отношение имеет тенденцию «плыть по течению».

* Людям с этим стилем часто трудно сказать «нет». Чтобы эффективно общаться с людьми этого стиля, лучше всего задавать много вопросов и поощрять их выражать свою точку зрения.

Пассивно-агрессивный стиль общения

У каждого свой оттенок серого в общении; Пассивно-агрессивный стиль общения не является исключением. Сочетая два разных подхода к общению, он включает в себя заранее пассивное поведение и агрессию, ожидающую своего часа при любых признаках конфликта; эти люди могут казаться приятными, но могут скрывать под поверхностью значительные обиды и гнев.

Обида часто проявляется в сплетнях, сарказме, покровительственном поведении или косвенных комментариях и замечаниях, которые косвенно выражают разочарование. Люди с этим стилем общения обычно имеют дело с нерешенными проблемами и демонстрируют их косвенно, используя пассивно-агрессивный стиль общения: * Они часто используют сарказм * Их слова не совпадают с их действиями * Им трудно распознавать эмоции

* Выражения их лиц не соответствуют тому, что они говорят.

Они могут использовать такие фразы, как: «Не расстраивайтесь! Это была всего лишь шутка!» или: «Что бы ни случилось, мне все равно!» и часто могут выглядеть пассивно-агрессивными или подлыми, когда сообщают о своих намерениях; что затрудняет интерпретацию, поскольку большая часть того, что они говорят, исходит из неразрешенных конфликтов и проблем.

Люди, использующие манипулятивный стиль общения. Люди, использующие этот стиль общения, полагаются на обман и влияние, чтобы с помощью слов сформировать результат разговоров и действий других людей. Их речь часто бывает трудно расшифровать, потому что кажется, что каждое произносимое ими слово мотивировано тем, что они надеются получить; их истинные намерения часто остаются скрытыми под слоем обмана или манипуляций; эти люди часто могут выглядеть покровительственными и будут стараться изо всех сил, пока вы не согласитесь с тем, что они говорят.

Ниже приведены несколько признаков того, что вы разговариваете с человеком, придерживающимся манипулятивного стиля: * Обычно они делают заявления с большой убежденностью. * Они склонны плохо реагировать, когда сталкиваются с противоречивыми точками зрения. * Они дольше удерживают ваш взгляд.

* Во время разговора они используют жесты рук.

Вступая в диалог с этими спикерами, следует проявлять терпение и спокойствие в равной мере. Постарайтесь не реагировать эмоционально, оставаясь напористыми, но твердыми в своих убеждениях; не позволяйте их взглядам влиять на ваше собственное мнение, но и не соглашайтесь, иначе они изолируются. Коммуникативные стили многое говорят о человеке; конечно, они зависят от того, с кем общаешься; уделяя пристальное внимание этим стилям, вы сможете соответствующим образом адаптировать ответы и лучше понимать людей.

Глава 7: Понимание культуры

Культура — это результат объединения множества различных элементов: традиций, фольклора, ритуалов, использования языка, образа жизни и убеждений — все это способствует формированию того, как мы общаемся и понимаем друг друга. Культура существует не только географически — два человека, состоящие в отношениях, со временем развивают свою собственную особую культуру, поскольку их общение, использование языка и ритуалы влияют и формируют ее дальше — точно так же, как это делают разные предприятия, регионы или другие виды отношений!

Пытаясь понять кого-то, вы также должны понять его культуру. Знать, откуда кто-то родом; их убеждения и привычки; а также любые отдельные ритуалы или обычаи, которые делают их особенными, имеют решающее значение для развития сочувствия к этому человеку.

Люди, привыкшие следовать определенным правилам и обычаям, склонны взаимодействовать иначе, чем люди с разнообразными ритуалами. Тот, кто привык посещать встречи, на которые никто не приходит вовремя, не будет так ценить это, что приведет его к убеждению, что недостаток навыков тайм-менеджмента обусловлен проблемами дисциплины, а не культурной адаптацией.

Человек, принадлежащий к культуре, характеризующейся определенными стилями, языками и формами общения, скорее всего, принесет с собой эти влияния при общении с кем-то, не принадлежащим к его собственной культуре.

Как наблюдатель, пытающийся читать людей, вы должны уделять пристальное внимание их культурному происхождению. Имейте в виду, что сюда входят не только их религия и этническая принадлежность, но также любые дополнительные малые культуры, которые могли возникнуть вследствие принадлежности к определенным сообществам, организациям или других влияний.

Коммуникации и культуры взаимозависимы. Культура возникает в результате взаимодействия между людьми, которое способствует взаимному общению и созданию моделей, законов, правил и ритуалов, которые формируют общество в целом. Наши коммуникации составляют основу культуры, которая постоянно развивается посредством глобальных коммуникаций, ставших повседневной необходимостью.

Люди разных культур и национальностей часто взаимодействуют разными способами.

Культура сегодня стала охватывать гораздо больше, чем просто один из способов существования и ведения дел; В зависимости от того, с кем сообщество или общество взаимодействует социально или профессионально, в этом пространстве могут существовать различные культуры и ритуалы.

Таким образом, чтение и понимание людей становится в равной мере и проще, и сложнее. Чтобы лучше понимать друг друга, мы должны отказаться от предположений и создать пространство, обеспечивающее пространство для различных убеждений, правил и ритуалов под одной крышей. Однако при общении и понимании людей, принадлежащих к разным культурам, могут возникнуть определенные проблемы, такие как:

Люди общаются по-разному. Наши языки различаются, как и слова и фразы, которые мы используем. Даже такие, казалось бы, простые фразы, как «все, что вы хотите», могут иметь разное толкование в разных культурах; Большой палец вверх может быть как положительным, так и оскорбительным, в зависимости от того, кому его дали. От расположения сидений до разницы в расстоянии между людьми — в разных странах мира все понимается по-разному.

Не все справляются с конфликтами одинаково; некоторые могут рассматривать это как средство достижения продуктивных выводов, в то время как другие видят в этом вызов. При общении между представителями разных культур вы должны быть чувствительны к чувствам других людей и уделять пристальное внимание тому, как они реагируют на конкретные действия, предпринятые вами или другими участвующими сторонами.

Уважайте личное пространство. Covid-19, возможно, заставил нас развивать социальную дистанцию, но другие культуры также не приемлют физический контакт и непосредственную близость. Пытаясь точно читать людей, будьте осторожны с этими особенностями и старайтесь не вторгаться в чье-либо личное пространство, приближаясь слишком близко или вторгаясь слишком рано.

Как люди, живущие в этом чрезвычайно разнообразном мире, мы зависим друг от друга в плане выживания и самореализации. Чтобы эффективно удовлетворить эту потребность, крайне важно, чтобы мы учитывали культурные различия и ограничения друг друга. Вы не можете рассчитывать на то, что сможете точно прочитать кого-то, не поняв сначала, что повлияло на его слова и действия; то, что говорит кто-то, может отражать все его жизненные убеждения и опыт — проявление доброты может иметь большое значение для укрепления связей между всеми нами.

Часть вторая: Психология читающих людей

После разговора с другом вы внезапно понимаете, что он перестал серьезно реагировать и просто кивает в ответ на все, что вы говорите, не внося особого собственного вклада. В этот момент вам хотелось бы знать, как точно определить их настроение, а это требует терпения и понимания; но, конечно, достижимо!

Умение читать людей может изменить ваш подход к ним, и наоборот. Понимание эмоций и потребностей людей позволяет вам реагировать соответствующим образом и углублять отношения. Корректировка стилей и тона общения для более глубокого общения с людьми. Однако на чем следует сосредоточиться, пытаясь читать людей? Понимание того, почему они действуют именно так, может дать понимание человеческой психологии; именно об этом и пойдет речь в этом разделе!

Вторая часть посвящена пониманию человеческого разума на основе многовековых исследований, научных открытий и изучения человеческой природы. Мы рассматриваем различные теории, которые помогают раскрыть различные типы личности и основные человеческие потребности, которые мотивируют образ мышления и поведение людей - знания, которые окажутся неоценимыми при общении с разными людьми из всех слоев общества.

Глава 8: Найдите то, что мотивирует других

Задумывались ли вы о том, что мотивирует людей? Задумывались ли вы когда-нибудь о том, что мотивирует других и вас самих с точки зрения повседневных мотиваций и желаний? Определили ли вы их движущие силы? Вы когда-нибудь задумывались о том, что движет вами? То, что движет вашим суетливым стремлением, скорее всего, также движет и другими.

Что движет вами в жизни?

Понимание этого вопроса на миллион долларов может существенно изменить ситуацию как для вас самих, так и для ваших близких: мотивация — это сила, которая удерживает все на своих местах.

Выяснение того, что мотивирует людей, является ключом к их пониманию, но это может быть сложно, поскольку все люди разные. Прошлое и настоящее человека влияют на его цели, которые мотивируют его двигаться вперед по жизни, несмотря на трудности, с которыми он сталкивается на этом пути.

Поэтому, чтобы полностью понять, что движет людьми, необходимо узнать их индивидуально. Встречаясь с людьми напрямую и общаясь на интимном уровне, вы можете узнать об их прошлом опыте, трудностях, которые они преодолели, ключевых людях в их жизни и любых мечтах или целях, которых они надеются достичь в жизни - информация, которая позволит вам собрать воедино свою личность, которая раскрывает их движущую силу в жизни.

По мнению исследователей и психологов, все люди рождаются с тремя универсальными потребностями, которые ими движут:

1. Независимость – мотивация делать личный выбор – имеет первостепенное значение, в то время как 2. Мастерство обеспечивает мотивацию для признания чего-либо.

3. Потребность в общении – желание чувствовать, что другие ценят вас [3]

Следовательно, пытаясь понять чьи-то мотивы к переменам, обратите пристальное внимание на темы, которые они поднимают в разговоре. Является ли их движущей силой желание контролировать дела, финансы и другие аспекты своей жизни; или их желание достичь более высоких должностей на работе с более конкурентоспособными карьерными целями; или, возможно, это просто доступность и присутствие для тех, кто в их жизни: друзей, коллег или семьи?

Разговор с ними даст представление о том, что их мотивирует. Эти три основных инстинкта могут обеспечить мотивацию; однако существуют и другие силы, которые также стимулируют мотивацию людей.

Некоторые люди ценят славу и власть. Когда вы видите влиятельных людей, таких как политики, владельцы бизнеса или лидеры профсоюзных советов, на таких должностях, как политика или членство в профсоюзном совете, они, вероятно, стремятся двигаться дальше по карьерной лестнице. Другие находят мотивацию, взяв на себя руководящие роли в учреждении или стране, внося изменения посредством инициатив, которые улучшают такие вещи, как предоставление услуг или управление объектами.

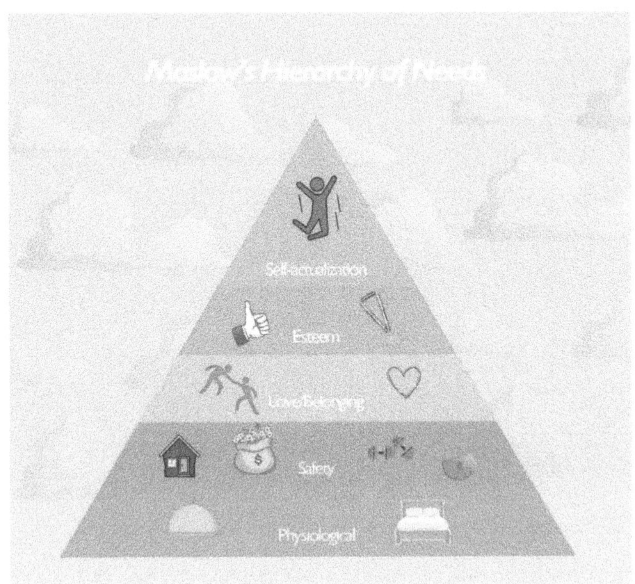

Это стремление можно увидеть не только в их речи и действиях, но и в том, как они действуют. Чтобы общаться с такими людьми, будьте прямыми, основанными на фактах и логичными. Они высоко ценят свое время; поэтому они будут уважать вас, если вы тоже уважаете их время.

В то время как одними людьми движут внешние силы, другие находят мотивацию во внутренних факторах, таких как страсть. Это может включать в себя путешествия по миру или работу над чем-то, что принесет пользу другим; глаза людей загораются при обсуждении тем, которые их волнуют; часто жертвуя сном, свободным временем или здоровьем ради более великих целей.

Как только вы соединитесь с кем-то, чьими действиями руководит страсть, построить эмоциональную связь станет проще. Понимание влияния людей устраняет любые догадки о том, как лучше их понять.

Иерархия потребностей Маслоу).

Чтобы лучше понять человеческий разум и эмоции, Абрахам Маслоу (американский психолог) разработал теорию иерархии потребностей, которая иллюстрирует основные потребности как движущие силы мотивации для людей. Эта теория включает пять уровней в своем пирамидальном представлении.

После того, как основные потребности удовлетворены, человек сосредотачивается на достижении дополнительных уровней, пока не достигнет окончательного удовлетворения и не достигнет самого верхнего уровня своей пирамиды.

Маслоу считал, что люди мотивированы удовлетворять свои базовые потребности, прежде чем переходить к более сложным требованиям.[4]

Давайте проанализируем эти пять уровней иерархии, чтобы лучше понять, что мотивирует людей в жизни двигаться дальше в своих начинаниях.

Уровень I: Физиологические потребности студентов

Эти основные потребности необходимы для выживания человека и включают в себя:
* Вода >> еда.4ветемент Одежда и кров.
* Отдых
В основании пирамиды лежат потребности, определяющие жизнь и смерть. Даже при наличии прочных отношений и уверенности в себе, без пищи для выживания ваше существование будет под угрозой. Ваши отношения и ваши основные потребности останутся неудовлетворенными, и вы, скорее всего, будете искать другие источники, чтобы заполнить эту пустоту – например, пытаясь заполнить квадратную дыру. с круглыми колышками!

Второй уровень иерархии потребностей Маслоу Как только мы продвигаемся вверх по лестнице потребностей Маслоу, безопасность и защищенность становятся главными приоритетами для тех, чьи физиологические потребности уже удовлетворены. Эти потребности возникают из стремления к контролю и порядку в жизни и включают в себя: здоровье и благополучие; финансовую стабильность. Первоначально эти проблемы могут иметь лишь ограниченную привлекательность, но по мере продвижения вверх по пирамиде Маслоу они становятся первостепенными соображениями, например, для людей, чьи физиологические потребности уже были удовлетворены
* Защита от травм и несчастных случаев. Эти потребности вынуждают людей получать хорошую работу с потенциалом карьерного роста, обеспечивать медицинскую страховку, вносить вклады в сберегательные счета и проживать в безопасных районах для защиты от воровства и насилия.

Маслоу описывает уровень 3 своей иерархии как включающий потребности в любви и принадлежности следующим образом. Эти социальные потребности включают принадлежность, принятие и любовь – эмоциональные потребности, которые соответствуют межличностным связям и принадлежности, таким как романтические отношения, дружба, социальная среда или общественные группы, которые удовлетворяют эти инстинкты.

* Религиозные организации

Ощущение того, что вас любят и ценят другие, является ключом к борьбе с чувством одиночества, тревоги, депрессии и печали. Привязанности создают чувство принадлежности к жизни, обеспечивая значимую цель — эмоциональная связь жизненно важна для мотивации поведения человека на этом этапе человеческой эволюции.

По мере продвижения вверх по иерархии потребностей Маслоу требования усложняются. На этом этапе потребность в уважении является основным мотиватором людей. Потворство их стремлению к уважению и восхищению является тем, что питает все это! Люди посвящают больше своего времени и усилий занятиям спортом, профессиональным достижениям, академическим успехам или любым другим средствам, которые способствуют удовлетворению требований самооценки.

Люди на этом этапе хотят чувствовать, что они вносят значимый вклад в жизнь общества и являются его ценными членами. Достигнутое счастье означает удовлетворенность собой, что, в свою очередь, расширяет возможности окружающих. Позитивное влияние на жизнь других людей становится важным источником подтверждения того, что жизнь других людей становится лучше.

У людей, неспособных удовлетворить этот уровень потребностей, часто развивается комплекс неполноценности и они подвержены проблемам с низкой самооценкой; в результате они считают, что им не место в отношениях и что другим было бы лучше без них. Это, в свою очередь, негативно влияет на межличностные отношения, поскольку чувство неполноценности имеет тенденцию наносить ущерб и в результате разрушать межличностные связи.

Однако даже потребности, попадающие на самые высокие уровни, все равно могут оказывать существенное влияние на общее качество жизни.

Уровень 5: Потребности в самореализации

Как только основные потребности человека удовлетворены, он может перейти к удовлетворению потребностей в самореализации, исследуя свою внутреннюю сущность и применяя свои таланты для личностного роста. На этом уровне вашей конечной целью должно стать достижение глубокого уровня удовлетворения, которое будет длиться всю вашу жизнь.

Нет двух людей, которые имеют одинаковое представление о своем идеальном «Я», которое влияет на их действия. Некоторые сосредотачиваются на том, чтобы заработать больше денег; другие стремятся произвести впечатление в творческой сфере или добровольно участвовать в общественных работах; третьи ищут внутреннего удовлетворения через саморазвитие или отдачу. Каждый стремится достичь этого окончательного удовлетворения, но неудачи часто мешают прогрессу: несколько человек продвигаются вверх по пирамиде, прежде чем, наконец, достигают этого уровня удовлетворения.

Маслоу определил этот самый верхний уровень как «потребности роста», а четыре нижних — как «дефицитные потребности». При стремлении удовлетворить дефицитные потребности могут возникнуть аспекты, которые приводят к лишениям в различных аспектах, таких как нехватка продовольствия, финансовые трудности или чувство изоляции. Поднимаясь на каждый уровень иерархии потребностей Маслоу, несчастье можно устранить шаг за шагом.

Напротив, если ваши потребности пятого уровня не удовлетворены, они не приведут к немедленным трудностям с точки зрения еды, финансов или безопасности; скорее, они проистекают из вашего желания развиваться дальше как личность и могут иметь крайне пагубные последствия для вашего уровня счастья.

Теория Маслоу часто изображает себя как жесткую иерархию; однако многие заметили, что его выполнение не следует неуклонному прогрессу, основанному на индивидуальных потребностях. Например, некоторые могут отдавать приоритет потребностям в самоуважении над потребностями в любви и принятии, или, возможно, творческие достижения вообще затмевают даже фундаментальные потребности; все зависит от приоритетов человека.

Теория потребностей Маслоу выделяет пять основных потребностей, которые составляют поведенческую мотивацию. Поняв, на какую ступень пирамиды попадает человек, вы сможете лучше его понять и эффективно общаться.

Это называется наукой, потому что понимание такой сложной вещи, как человеческое поведение, требует тщательного анализа разума и поведения. Анализ таких исследований дает вам инструменты, позволяющие не только сопереживать людям, но и соответствующим образом реагировать, когда они кажутся злыми, грустными, счастливыми или испытывают какие-либо другие эмоции.

Вы когда-нибудь задумывались над теорией Юнга о четырех психологических функциях? Вы когда-нибудь задавались вопросом, почему некоторые люди чувствуют себя более комфортно в больших общественных собраниях, в то время как другие процветают больше, когда их держат в небольшой интимной обстановке? Задумывались ли вы, почему одни всегда готовы повеселиться, а другие жаждут провести ночь в размышлениях с книгой у камина?

Поскольку сознательная энергия и интересы каждого человека текут в разных направлениях в зависимости от его личного психологического опыта и влияния окружающей среды, эту теорию выдвинул швейцарский психоаналитик и психолог Карл Юнг. По его мнению, в личности доминируют определенные установки и функции как противоположные тенденции, определяющие ее доминирующий тип личности; эти направления затем определяют тип его отношения: интроверсия или экстраверсия.

Юнг отмечал, что доминирующие установки или функции становятся частью человеческого сознания, в то время как их противоположности представляют собой бессознательные характеристики личности; такие тенденции часто проявляются во время стресса или во сне.

Прежде чем мы рассмотрим теорию четырех психологических функций Юнга, давайте бегло взглянем на две описанные им личностные установки, составляющие ее основу.

Интроверсия против экстраверсии: разрушение установок

Интроверсия и экстраверсия представляют собой противоположные концы спектра отношений, определяемого тем, как человек излучает энергию. Определенную роль играет и ориентация человека на внешние факторы.

Интроверты склонны отводить свою энергию от объектов и следить за тем, чтобы внешние воздействия не оказывали на них влияния; экстраверты, с другой стороны, склонны расширять энергию, пытаясь сформировать активные отношения с этими объектами. По определению, интроверты сосредотачиваются на внутреннем мире, тогда как экстраверты больше ориентированы на внешнюю среду - современные психологи согласны с теорией Юнга о том, что эти темпераменты могут передаваться генетически.

Теория Юнга утверждает, что мы склонны реагировать четырьмя различными способами, основанными на наших преобладающих личностных установках: мышление, ощущение, интуиция и чувство.

Далее он разделил эти функции на две отдельные группы: рациональные (мышление и ощущение) и иррациональные (интуиция и чувство).

Интроверсию и экстраверсию нельзя понимать изолированно; скорее, их следует рассматривать в контексте этих четырех функций, чтобы создать полную картину личности человека. Эта теория пытается продемонстрировать сложность человеческой типологии.

Теория Юнга утверждает, что все четыре функции могут стать доминирующими в разное время в зависимости от внешних условий; тем не менее, одна функция обычно выделяется из-за врожденных тенденций или факторов развития — так их описывает теория Юнга.

Мышление: эта форма оценки опирается на логические и концептуальные взаимозависимости между объектами для оценки истинности или ложности опыта, анализа реальности посредством логического вмешательства и анализа и принятия обоснованных решений. Этот процесс включает систематическое и рациональное мышление, поскольку помогает понять реальность посредством систематического взаимодействия и исследования.

Ощущение: эта функция представляет эстетическую ценность, приписываемую переживанию без какой-либо логической оценки или рассуждения; вместо этого ощущения воспринимаются на основе того, как вещи кажутся без колебаний; любая концепция, такая как контекст, значения, последствия или альтернативные интерпретации, находится за пределами его компетенции и представляет информацию именно так, как она представляется органам чувств.

Интуиция: Интуитивная функция ориентирована на наше внутреннее чутье или общее восприятие ситуаций, а не на детальный анализ или логический вывод. Интуиция обеспечивает направление через понимание обстоятельств, отношений и скрытых возможностей в ситуациях без доказательств или доказательств, подтверждающих это. Частью этой функции является придание смысла событиям посредством интуитивного прочтения ситуаций и одновременного выявления закономерностей, которые сразу могут быть менее заметными.

Чувство: Чувство — это сентиментальная функция, которая включает в себя оценку ситуации на основе своих предубеждений, симпатий и антипатий. Решения принимаются на основе прошлого опыта, который влияет на чувства по поводу аналогичных ситуаций, что всегда субъективно.

Теория четырех психологических функций Юнга помещает рациональные и иррациональные функции на противоположные концы спектра (т. е. чувство противоположно мышлению, а интуиция противоположному ощущению), так что, если ощущение является вашей доминирующей функцией, то интуиция не будет включена в число ваших второстепенных функций; скорее мышление и чувство останутся активными лицами, принимающими решения, неосознанно вовлеченными в процессы принятия решений.

Аналогичная логика применима и к личностным качествам (интроверсия и экстраверсия). Если ваш преобладающий режим мышления интровертный, скорее всего, ваш подсознательный режим чувств будет экстравертным.

Людям часто сложно эффективно использовать свои второстепенные функции, но благодаря практике и осознанию своих действий вы можете превратить эти подсознательные способности в сознательные модели мышления.

Читать людей можно, зная, склоняются ли их преобладающие функции к интровертности или экстравертности, о чем можно судить по общим признакам, таким как их социальные предпочтения, экспрессивность или круг общения. Как только эта информация будет получена, вы сможете предсказать, какую функцию они обычно используют при принятии решений.

С 1970-х годов психиатры использовали теорию личности Эннеаграммы для выявления характеристик и черт личности. Он представляет собой диаграмму из девяти пунктов, каждая из которых представляет один тип личности, соответствующий тому, как люди думают, чувствуют и действуют по отношению к себе и другим. В каждой точке есть 27 подтипов с тремя ключевыми центрами, представляющими чувства, действия и мысли, которые влияют на наше поведение в различных средах и в конечном итоге определяются нашими основными мотивами.

Эннеаграмма стремится охарактеризовать людей на основе их доминирующих мотиваций, страхов и поведения, чтобы лучше понять личность человека. При чтении людей с помощью анализа Эннеаграммы ее типы личности дают более глубокое понимание сильных и слабых сторон человека, а также того, как он относится к обществу в целом. Кроме того, Эннеаграмма помогает понять мотивы, объясняющие, почему люди действуют именно так, как они поступают.

Теория Эннеаграммы утверждает, что люди рождаются с одним доминирующим типом личности, однако это может измениться в зависимости от опыта и внешних факторов. Внешние и врожденные черты имеют тенденцию влиять друг на друга; инстинктивные характеристики личности определяют, как человек реагирует в стрессовых ситуациях; что, в свою очередь, формирует их личность либо тревожными, либо спокойными.

Эта теоретическая система дополнительно подчеркивает тот факт, что люди не подпадают под одну категорию; вместо этого их личности состоят из множества черт, сочетающих основные типы с некоторыми дополнительными «крыльями», известными как модификаторы темперамента или крылья. Хотя крылья имеют некоторое влияние на темперамент, они не меняют существенно доминирующие типы личности; Согласно этой теории, основные черты, как правило, остаются постоянными с течением времени, хотя конкретные могут меняться из-за внешних воздействий, таких как привычки и здоровье.

Индивиды могут обладать несколькими чертами личности, причем доминирующий тип всегда выделяется как наиболее значимый для них. Тест Эннеаграммы может помочь выявить эти черты личности.

Теперь давайте рассмотрим: какие девять типов личности встречаются в Эннеаграмме личности? Давайте рассмотрим их дальше.

Эннеаграмма 1-го типа — принципиальные реформаторы. Людьми, принадлежащими к этому типу личности, движет желание действовать морально и этически праведно. Они ценят честность, принципиальность, самообладание и совершенство во всех сферах жизни. Представители первого типа склонны принимать как себя, так и окружающих, стремясь к самообладанию и совершенству во всех сферах своей жизни. Они склонны принимать как себя, так и своих близких, но временами могут становиться нетерпимыми и осуждающими, когда их недостатки выходят на поверхность или заставляют их чувствовать себя неадекватными или неадекватными.

Представители первого типа обычно обитают в центре действия Эннеаграммы, хотя их действия и контроль, как правило, приходят изнутри – через принципы, дисциплину и самодисциплину. Эти принципы служат их руководящей силой и заставляют Единиц выглядеть организованными и ориентированными на качество.

Люди, принадлежащие к этой категории, как правило, обладают острым чувством добра и зла, устанавливают высокие стандарты как для себя, так и для окружающих. Их внутренний диалог часто включает в себя множество утверждений «Я должен» или «Я должен», поскольку они держат внутреннюю систему показателей против себя, что потенциально может привести к расширению и сжатию их жизни.

Они известны тем, что испытывают частые приступы гнева, хотя обычно держат его под контролем. Их гнев обычно проявляется в негодовании или раздражении, когда другие ведут себя безответственно или неэтично; в крайних случаях это проявляется в пассивно-агрессивном поведении, при котором их физическая жесткость возрастает, в то время как они становятся необычайно вежливыми, несмотря на критику других, и часто кажутся невосприимчивыми к критике из внешних источников, что ведет их по пути разочарования и, в конечном итоге, гнева.

Представители первого типа относительно редки: согласно одному исследованию, в котором приняли участие более 54 000 респондентов, только 10% относятся к первому типу.[6]

Эннеаграмма типа 2 — Внимательные помощники

Люди второго типа имеют врожденное желание чувствовать себя любимыми окружающими людьми, придавая большое значение развитию значимых связей, щедрости, доброты и самоотверженности. Их цель — сделать мир любящей средой, оказывая поддержку и внимание самым близким людям.

В своих лучших проявлениях представители второго типа могут быть теплыми, ласковыми и щедрыми людьми, которые разделяют с миром скромность и смирение. К сожалению, менее здоровые Двойки могут показаться эгоцентричными и склонными к манипулированию, отдавая деньги только ради награды; их внутренний голос говорит им, что они ценны только в том случае, если другие любят их и нуждаются в них, и это может побудить их перенапрячься и дать больше, чем необходимо.

Образцы действий Двойок обусловлены их желанием развивать отношения. Поэтому они прилагают энергию и усилия для налаживания тесных связей и дружбы, привлекая людей щедрыми жестами похвалы или комплиментами, которые заставляют других чувствовать себя особенными и ценными. Двойки, как правило, предоставляют отличные советы, как только они реагируют, когда кто-то нуждается в помощи или чувствует, что кто-то потенциально может навредить тем, кто им дорог.

Мыслительные процессы Двойок основаны на внимательности и вдумчивости. Они настроены на нужды других – даже тех, кто не подозревает об их желаниях – из-за чего их мысли часто поглощаются другими людьми и способами установления с ними значимых связей. В результате значительная часть умственной энергии может быть направлена на попытки установить контакт.

Двойки, как правило, получают огромное удовольствие от чувства незаменимости, что может привести к гордому самоуважению или преувеличенному ощущению собственной важности и в конечном итоге подрывать межличностные отношения.

Чувства Двойки имеют тенденцию проявляться внешне как теплая и поддерживающая энергия. Их сильное сочувствие делает их способными чувствовать эмоции других и реагировать соответствующим образом, и хотя в целом они дружелюбны по отношению к людям, они иногда могут удивить своим повышенным гневом, когда чувствуют, что их игнорируют или обращаются несправедливо; Двойки настойчиво защищают тех, кто им дорог, когда они чувствуют, что с ними обращаются несправедливо, и испытывают эмоциональную боль, если их игнорируют или игнорируют.

Люди второго типа составляют примерно 11 процентов населения, причем среди этого процента женщины преобладают больше, чем мужчины.

Эннеаграмма типа 3: конкурентоспособный человек

Конкурентоспособные люди мотивированы желанием превзойти самих себя и превзойти предыдущие достижения еще большими. Результаты, признание и эффективность приобретают в их глазах первостепенное значение, заставляя их адаптировать свои действия в соответствии с обстоятельствами, чтобы достичь новых уровней достижений.

В своих лучших проявлениях этих людей можно рассматривать как принципиальных, трудолюбивых и целеустремленных людей, несущих честность и надежду во всем мире. Однако иногда стремление к успеху может поглощать их до такой степени, что уводит их от важных жизненных отношений, заставляя их чувствовать себя особенно важными и повышая их чувство собственного достоинства посредством действий, а не слов.

Деятели склонны действовать согласно целенаправленным планам действий. Их энергия и внимание направлены на эффективное выполнение задач. Многие, принадлежащие к этому типу личности, могут легко изменить свою личность, чтобы она соответствовала любому поведению, роли или ожиданиям, которые от них ожидаются; их соревновательный характер часто проявляется во время отдыха или на работе — люди с этим типом личности склонны находить занятия или соревнования, которые позволяют им проявить себя больше, в то время как социальные Тройки предпочитают командные соревнования как возможность проявить лидерские качества внутри группы — выглядят энергичными и уверенными в себе любой момент времени.

Образ мышления Троек придает их личности оптимистический оттенок. Они рассматривают неудачи как возможность учиться, а не позволяют им мешать им двигаться вперед к своим целям. Тройки склонны подчеркивать информацию, которая поддерживает их точку зрения, игнорируя при этом других. Их успех заключается в способности концентрироваться на правильных вещах и принимать взвешенные решения; их быстрый мыслительный процесс позволяет им быстро схватывать любую ситуацию, прежде чем адаптироваться к ней с помощью соответствующих навыков общения и взаимодействия, чтобы все шло по плану.

Их конкуренция возникает из-за их желания сравнивать себя с другими и судить о себе по тому, насколько хорошо или плохо они себя сравнивают, часто полностью погружаясь в свою работу, пока она не становится частью их личности.

Их модели чувств позволяют им эмоционально абстрагироваться от любой ситуации и принимать объективные, рациональные решения. Негативные эмоции, такие как стресс, страх и тревога, не поглощают их, но они все равно испытывают разочарование и гнев.

Тройки стремятся по возможности избегать попадания на плохую сторону людей, если это каким-либо образом может способствовать их успеху. Они осознают, как люди могут реагировать на их отношение и действия; хотя снаружи они могут казаться дружелюбными, внутри они могут испытывать недоверие к другим; их внимание сосредоточено на проецировании уверенности на других, подавляя таким образом все, что отвлекает их внимание от этого; другие могут воспринимать Троек как равнодушных или даже серьезных из-за такого поведения.

Третий тип Эннеаграммы — один из самых редких типов личности. Из 54 000 участников, принявших участие в упомянутом ранее исследовании, только 11% идентифицировали себя с этим типом личности; большинство идентифицировали себя как мужчины.

Эннеаграмма типа 4 — интенсивное творчество

Эннеаграмма Четвертого типа стремится выражать свои уникальные творческие способности через слова, работу или любой другой выход, включая сам язык! Поскольку они ценят индивидуализм, они придают большое значение самовыражению и чувствам.

Романтики в душе и поклонники красоты, Четверки — настоящие творцы в самом прямом смысле этого слова. В своих лучших проявлениях те, кто принадлежит к этой категории, чувствительны, но довольны, обладают подлинным чутьем, которое делает их единственными в своем роде; в худшем случае они могут показаться темпераментными или меланхоличными из-за осознания своих недостатков и ран; их разговор с самим собой предполагает поиск цели в жизни путем аутентичного самовыражения.

Действия Четверок движимы потребностью выразить себя. Они преуспевают, делясь глубоким опытом с теми, кто им дорог, часто раскрывая своего внутреннего художника или используя символы. Их эксцентричная личность часто приводит их в отчаяние и разочарование при выполнении утомительных задач, которые не отвечают их желаниям.

Четверки склонны использовать такие утверждения, как «я», «мне» и «мое», которые делятся личным опытом с аудиторией. Хотя на первый взгляд это может показаться эгоцентричным, на самом деле это их способ общения с другими и построения отношений.

Ваши модели мышления проистекают из вашей потребности заполнить любые дыры в вашей жизни, например, недостающие части себя. Они склонны усваивать негативную информацию о себе, игнорируя при этом положительные данные, что приводит к тому, что они усваивают негативные сообщения о себе, игнорируя при этом любые положительные новости, что, в свою очередь, может вызвать реакцию всякий раз, когда кто-то предполагает негативные последствия в их адрес. Их суждения затуманиваются эмоциями, поскольку их суждения в значительной степени опираются на эмоции, а не на логику. Это часто приводит к принятию предвзятых решений из-за предвзятости в суждениях, основанных на опыте или эмоциональных связях, составляющих основу для принятия важных решений.

Интроспективная натура Четверок имеет тенденцию вести их по внутреннему пути мыслей, который иногда слишком глубок для их комфорта, ведет их по негативным мыслям, которые в конечном итоге снижают их самооценку и приводят к тому, что их неправильно понимают другие люди.

Чувства Четверок — их самое большое достоинство; они помогают им чувствовать связь с миром и другими людьми. Кроме того, Четверки остро чувствуют эмоции других – зачастую даже лучше, чем самих себя! К сожалению, Четверки склонны слишком долго задерживаться на своих эмоциях, из-за чего они кажутся глубокими, интенсивными и угрюмыми.

Четверки верят, что переживание своих эмоций – будь то печаль или счастье – позволяет им понять, кем они являются на самом деле. Их эмоции часто колеблются в зависимости от изменений в окружающем мире, хотя печаль, тоска и потеря, как правило, влияют сильнее, чем счастье, и могут заставить их казаться меланхоличными или отстраненными от общества. К сожалению, они часто относятся к вещам слишком серьезно и нуждаются в некоторой беззаботности в своей жизни.

Люди четвертого типа, как правило, являются уникальными личностями, которые выделяются из толпы своим индивидуалистическим стилем и чутьем, что часто выделяет их из толпы. [7]

Эннеаграмма типа 5 — Тихий исследователь

Пятерки известны своей интроспективной натурой, движимой внутренним желанием раскрыть правду и понять других для принятия решений. Пытаясь постичь окружающую среду, Пятерки придают большое значение знаниям и объективности при принятии решений, основанных на объективных знаниях. Пятерки также отдают предпочтение независимости превыше всего и заботятся о финансовой экономии, а не просят других о помощи или поддержке при принятии финансовых решений; более того, они уважают частную жизнь, предоставляя другим достаточно места для жизни.

Другие часто считают Пятерок мудрыми и провидцами, не имеющими привязанностей, которые обеспечивают значимые связи с людьми. В худшем случае Пятерки могут казаться разумно высокомерными или оторванными от своих эмоций, поскольку они часто погружаются в интроспективные состояния, чтобы попытаться осмыслить окружающий мир.

Пятерки сосредотачивают свои действия на наслаждении одиночеством и собственной компанией, придавая большое значение «конфиденциальности», хотя каждый человек может определять ее по-разному. Они используют время в одиночестве, чтобы пополнить ресурсы и установить границы с другими, оставаясь при этом независимыми – это часто включает в себя внесение изменений в распорядок дня или окружение, чтобы сохранить автономию, не становясь зависимыми. Эти изменения могут включать в себя принятие минималистского образа жизни или накопление на той или иной крайности.

Пятерки, как правило, консервативны в использовании имеющихся ресурсов, поскольку это может помешать их независимости. Они могут казаться отстраненными или незаинтересованными до тех пор, пока не появится что-то интересное для них – и в этот момент вы обнаружите, что они очень отзывчивы и общительны, делятся информацией с другими.

Мышление лежит в основе их существа, поскольку они твердо верят в то, что знание — это сила. Их жажда знаний заставляет их глубже изучать информацию; если что-то их заинтересует, они пойдут на все, чтобы овладеть этим и зарекомендовать себя как эксперты в этой области.

Разум — это священное пространство, где они могут найти утешение от остальной жизни. Люди с этим талантом могут распределять информацию по различным отсекам в своем сознании – будь то события, даты или любые другие факты – чтобы поддерживать интерес к различным темам, создавая при этом четкие границы между различными аспектами отношений и жизни.

Их эмоциональное состояние во многом зависит от умственных способностей, поскольку они склонны понимать свои эмоции, интеллектуализируя и доверяя своему разуму, чтобы понять их смысл. К сожалению, из-за этого им трудно разделить чувства и мысли, что часто приводит к их истощению после эмоционально насыщенных событий или незавершенных проектов.

Человек может устать от постоянного управления личными ресурсами и энергией, однако его способность абстрагироваться от чувств может помочь более эффективно управлять энергией. Отстраняясь, они получают власть над тем, когда пересматривать или заново переживать чувства, когда им удобно, что позволяет осуществлять дальнейшую эмоциональную обработку в удобное для них время. Их эмоциональное дистанцирование выполняет две функции: оно позволяет им легче контролировать эмоции, а также защищает от обид и боли; к сожалению, этот механизм преодоления иногда заставляет их казаться холодными или отстраненными от других; тем не менее, эта стратегия способствует интроспективной и уравновешенной личности.

Пятерки — редкие типы личности. Опрос 54 000 корреспондентов показал, что в среднем к этому типу личности относятся только 10% участников, причем среди мужчин он более распространен, чем среди женщин (14% среди участников-мужчин и 7% среди женщин).

Эннеаграмма 6-го типа. Лояльные скептики-шестерки движимы сильным стремлением к принадлежности и безопасности; это влияет на их решения и отношения. Стремясь к безопасности в любой ситуации, шестерки ценят людей, которые демонстрируют лояльность и при этом несут ответственность; они часто проявляют смелость, оставаясь при этом глубоко связанными с собой, одаривая окружающих взамен дарами доверия и преданности. Нездоровые шестерки склонны чрезмерно беспокоиться, позволяя страху ослабить свою защиту, из-за чего они кажутся подозрительными, сомневающимися или тревожными.

Их внутренний разговор с самим собой говорит им, что мир может быть небезопасным и жестоким местом, поэтому готовность и лояльность к тем, кто вам дорог, являются ключевыми составляющими выживания. Они стараются не бояться того, что их ждет снаружи, и остаются настороже, всегда остерегаясь его жестокости.

Шестерки обычно демонстрируют одну из двух моделей действий. Либо они демонстрируют поведение страха и избегания, чтобы избежать эмоционально подавляющих ситуаций, либо они пытаются противостоять тревоге, лицом к лицу сталкиваясь с ней. Большинство Шестерок находятся где-то посередине между этими крайностями; их поведение будет меняться в зависимости от обстоятельств в их жизни.

Некоторые люди, принадлежащие к этому типу личности, часто участвуют в рискованном поведении, чтобы доказать себе и другим, что они смелы и бесстрашны, независимо от того, проявляется ли это в рискованных приключениях или вербальных действиях в отношении людей с контрфобическими стереотипами. Шестерки известны тем, что работают усердно, последовательно, преданно и последовательно, придавая большое значение ответственности, лояльности и полностью посвящая себя любой поставленной задаче. Их замечательная трудовая этика делает их ценными сотрудниками, что позволяет другим людям с легкостью передавать им проекты.

Шестерки склонны избегать проблем, когда это возможно. Однако, столкнувшись с неприятной ситуацией, их образ мышления побуждает их критически анализировать угрозы и риски, чтобы оставаться в гармонии со своим окружением и распознавать все возможные вызовы и проблемы, которые могут возникнуть. Хотя они способны быстро и эффективно решать свои проблемы, их ответ иногда может включать «да, но», что затрудняет общение между всеми вовлеченными сторонами.

Люди с этим типом личности осознают свой авторитет в своем мышлении. Хотя они чувствуют защиту и поддержку со стороны авторитетных фигур, они также беспокоятся о том, что их подведут или разочаруют другие. Их мыслительный процесс включает в себя задавание себе внутренних вопросов, которые служат «внутренними комитетами», при этом многие невыраженные эмоции исследуются наряду с очевидными.

Их чувства часто концентрируются вокруг тревоги, поскольку в повседневных делах они сосредотачиваются на наихудших сценариях, часто испытывая панику или легкое беспокойство; или более интенсивные формы, такие как ужас и страх. Их эмоциональный отклик позволяет получить быстрый доступ в любое время; но, к сожалению, это означает проигрывание в уме тревожных сценариев, даже если в жизни у них дела идут хорошо; склонны игнорировать положительные эмоции, вместо этого зацикливаясь на отрицательных.

Будучи глубоко настроенными на свои чувства, многие люди склонны бессознательно проецировать свои эмоции, надежды, мысли и страхи на тех, кто находится перед ними. Их собственные сомнения и неуверенность часто проявляются в трудном поведении, которое создает проблемы для других.

Людей с шестым типом личности можно узнать по их способности легко вписаться в любую среду и всегда стремиться поддержать самых близких.

Эннеаграмма типа 7 — восторженный мечтатель.

Люди, принадлежащие к седьмому типу личности, с огромным энтузиазмом относятся к жизни, всегда стремятся получить от нее максимум удовольствия, избегая при этом конфликтных ситуаций. По своей природе Семерки склонны быть оптимистами: они всегда ищут возможности, которые вдохновляют их в жизни, и извлекают выгоду из этих возможностей, когда они доступны. Они рассматривают жизнь как приключение, которое стимулирует их спонтанность и понимание всего, что их окружает; хотя другие могут воспринимать Семерок как спокойных в «режиме настоящего», поскольку они находят удовольствие в спонтанных действиях; из-за своей спонтанной природы они могут казаться незамеченными или даже несосредоточенными из-за своего стремления к приливу адреналина от жизни!

Их поведение направлено на поиск способов избежать рутины и монотонности в жизни, поэтому они активно ищут занятия или людей, которые добавляют азарта и приключений. Никогда не боясь пробовать что-то новое, они иногда отказываются от незавершенных задач ради более захватывающих предприятий.

Семерки стремятся оставаться активными и уверенно двигаться вперед. Их энергия заключается в том, чтобы с удовольствием принимать любые вызовы; тот прилив адреналина, который исходит от каждого всплеска волнения, помогает им оставаться сильными. Под давлением этот тип личности может менять планы или работать в режиме многозадачности, чтобы успешно выполнить задачу. Их тела часто опережают их разум, когда они берутся за новые начинания – это означает, что их высокий уровень энергии часто проявляется в постоянном движении или занятом языке тела – создавая у других впечатление, что они беспокойны, но это просто их способ оставаться вовлеченными!

Модель мышления Семерок обусловлена активным умом, который плавно переключается между идеями и связями, вовлекая их в исследование того, что вызывает у них интерес и приносит мгновенное удовлетворение. Следовательно, их модели мышления включают в себя быструю умственную обработку и стимуляцию в сочетании. Семерки склонны иметь множество вариантов и не любят чувствовать себя ограниченными в любом отношении; наличие вариантов дает им свободу; их сообразительность позволяет им получать знания во многих областях, что способствует инновациям и творчеству, поскольку у них под рукой много данных, из которых можно извлечь пользу.

Кроме того, им нравится делиться своими идеями с другими, поскольку это помогает им чувствовать себя вдохновленными и вовлеченными в жизнь. Когда поступает новая информация, они склонны быстро ее схватывать, попутно открывая еще больше.

Семерки склонны испытывать положительные эмоциональные пейзажи, которые проявляются в энергичных и жизнерадостных личностях, что заставляет других рассматривать Семерок как оптимистичных, радостных и полных энтузиазма людей. Столкнувшись с негативными эмоциями, такими как скука, печаль, тревога или страх, они инстинктивно ищут способы быстро обратить эти негативные чувства вспять, чтобы быстрее избежать дискомфорта.

Естественная склонность Семерок к положительным эмоциям часто заставляет их относиться к негативному опыту с оптимизмом, воспринимая его как полезный опыт или возможности. К сожалению, такая рационализация затрудняет принятие ответственности за действия, когда дела идут плохо; но, с другой стороны, это сохраняет их позитивный взгляд на жизнь и помогает сохранять оптимистичный взгляд на жизнь.

Семерки, как правило, тщательно защищают свое личное пространство и не любят, когда их способности оспаривают. Если вы бросите вызов Семерке, приготовьтесь встретить их гнев. Столкнувшись с неудобными или тяжелыми ситуациями, Семерки неустанно работают над тем, чтобы поднять настроение шутками или сделать беззаботные заявления, чтобы снять напряжение и восстановить равновесие, рассказывая вызывающие смех анекдоты.

Исследование Truity показало, что седьмой тип эннеаграммы присутствует у 9 процентов опрошенных респондентов из 54 000 участников.[8]

Эннеаграмма 8-го типа – Активный претендент типа Восьмерка движима потребностью казаться сильными и избегать проявления уязвимости, насколько это возможно, что побуждает их быть прямыми и влиятельными в ситуациях, в которые они попадают. Они быстро берут ситуацию под контроль, контролируя ее. это с прямотой. Восьмерки преуспевают, когда им бросают вызов, и честны в своих отношениях, используя свое праведное чувство справедливости для защиты других. В своих лучших проявлениях Восьмерки кажутся глубоко заботливыми, но сильными и доступными. Когда Восьмерки действуют в соответствии с реальностью, они одаривают всех нас невинностью. Однако в худшем случае Восьмерки могут казаться агрессивными, властными и похотливыми, что является частью их стратегии казаться выше жизни в часто жестоком мире. Они полагают, что, контролируя ситуации, им легче преодолевать несправедливость.

Восьмерки находятся в сердце Эннеаграммы. По своей сути они действуют инстинктивно, а не вообще ничего не делают, что часто проявляется через интенсивную и прямую речь, выбор слов, язык тела и стиль принятия решений. Восьмерки любят брать на себя управление и добиваться результатов на своих условиях; их независимость позволяет им реализовывать проекты, которые они считают приносящими удовлетворение.

Сотрудничество с другими не является естественным для Восьмерок; они делают это из-за обязательств. Восьмерки гордятся тем, что сохраняют контроль, часто сами управляют событиями на микроуровне, а при необходимости часто заканчивают микроменеджментом других. Их быстрые действия хорошо служат им, когда другие перегружены и становятся неуправляемыми — они быстро вмешиваются, берут на себя ответственность и эффективно решают проблемы, не колеблясь и не задерживаясь.

Микроменеджмент, возможно, не является их любимым занятием, но он позволяет им контролировать ситуацию и приносит результаты – поэтому они делают все необходимое для достижения этой цели.

Восьмерки не терпят некомпетентности и слабости тех, за кого берут на себя ответственность, но яростно защищают тех, кто находится под их руководством. Когда с кем-то, о ком они заботятся, обращаются несправедливо, Восьмерки будут неустанно бороться, чтобы отстоять справедливость и исправить любую несправедливость, причиненную им.

Восьмерки склонны классифицировать людей как слабых или сильных и действовать соответственно, часто уделяя больше внимания определенным людям, основываясь на методе оценки «все или ничего». Восьмерки склонны отдавать предпочтение честности двусмысленности при разрешении конфликтных ситуаций, предпочитая правду тому, чтобы оставаться в стороне, поскольку это заставляет их чувствовать себя бессильными в ситуации; получение как можно большего количества информации об обновлениях, прогрессе или событиях помогает Восьмеркам более эффективно сосредоточиться на более широкой картине.

Ключевым моментом для этих людей является сосредоточенность на своих собственных мотивах больше, чем на мотивах других; им не нравится, когда их заставляют делать то, что им не нравится или кажется скучным, потому что это неэффективно тратит их энергию.

Восьмерки имеют сложные эмоциональные модели. Они склонны быстро злиться и реагировать соответствующим образом, однако, быстро выплеснув гнев, они быстро отходят от него. Поскольку Восьмерки стремятся избежать чувства уязвимости, они склонны не выражать чувства печали или слабости открыто – вместо этого предпочитают признавать эти чувства только в безопасных случаях – показывая любовь через силу и защиту как часть своей личности.

Исследование Truity с участием 54 000 участников показало, что 15% людей попадают в восьмой тип эннеаграммы; эти люди были преимущественно мужчинами.

Эннеаграмма 9-го типа: адаптивный миротворец.

Девятки склонны выступать в роли посредников, движимые желанием создать гармонию в своем окружении. Таким образом, они стремятся принимать и приспосабливаться к окружающим, уделяя при этом приоритет миротворчеству во всем, что они делают - это позволяет им избегать конфликтов, когда это возможно.

Большая часть мира воспринимает Девяток как ярких, опытных и самосознательных людей, которые стремятся совершать действия, приносящие пользу окружающим. Однако в худшем случае Девятки могут показаться упрямыми, ленивыми или самоотверженными; это происходит потому, что они идут вместе со всеми, чтобы поддерживать мир, но затем ценят потребности других выше своих собственных и создают чувство дискомфорта для себя и тех, с кем они взаимодействуют. Тем не менее, их самодовольный характер привлекает к себе других, а также заставляет людей чувствовать себя непринужденно в их присутствии.

Девятки склонны действовать, основываясь на своем желании избежать контроля со стороны других, либо манипулируя своим окружением, либо пассивно сопротивляясь, когда что-то не устраивает. Их действия или бездействие, скорее всего, будут обусловлены поддержанием мира и гармонии, поскольку они не могут терпеть конфликты.

Комфорт можно найти в привычных распорядках и ритмах, которые они находят интригующими, в то время как этот тип личности любит устанавливать значимые связи, которые приводят к слиянию энергий близких им людей, часто проявляясь через перенимание привычек или интересов тех, кто присутствует в их интимном пространстве. .

Образцы мышления Девяток хорошо подходят для структурированных процессов; поэтому они отдают приоритет деталям и ясности при быстром подходе к задачам или создании привычек или процедур. Получив большие объемы информации, Девятки быстро организуют ее в уме в упорядоченную структуру, чтобы во всем разобраться.

Девятки, как правило, волевые и настойчивые, но склонны держать свое мнение при себе, чтобы не показаться властным в глазах других. К сожалению, это оставляет их недовольными некоторыми аспектами своих отношений или жизни.

Их поведение может казаться расслабленным и уравновешенным, однако они испытывают сильные эмоции с большой интенсивностью, что требует усилий с их стороны, чтобы контролировать их и выглядеть умиротворенными, безмятежными и доступными. Их сильные эмоции мотивируют их поддерживать гармонию между людьми, поскольку они понимают, как чувства влияют на поведение.

Хотя они превосходны в качестве мирных посредников в конфликтных ситуациях, Девятки склонны избегать прямого взаимодействия с негативными эмоциями, такими как гнев; такие связи имеют тенденцию истощать их энергию, и они также не часто признают эти чувства. Поэтому они стараются не переживать их слишком интенсивно. Кроме того, большинство Девяток — эмпаты, которые могут чувствовать эмоции близких им людей, часто улавливая энергию, разделяемую между людьми, если их окружение позитивно и восторженно; и наоборот, когда они сталкиваются с грустными или тревожными людьми, их настроение также может резко ухудшиться.

Учащиеся девятых классов составляют 13% респондентов исследования Truity; большинство из которых женщины.

Девять типов личности, представленных на колесе Эннеаграммы, можно разделить на типы Сердца, Головы и Тела. Типы сердца состоят из типов со второго по четвертый, которые полагаются на эмоциональный интеллект для навигации по жизни и общения с окружающими людьми; К типам головы относятся типы с пятого по седьмой, которые полагаются на интеллектуальную обработку ситуаций; в то время как типы телосложения с первого по девятый используют инстинкты и интуицию при реагировании на ситуации.

Исследователи на протяжении всей истории изучали различные методологии понимания человеческой личности. В одном из таких тестов, известном как «Тест большой пятерки личностных качеств» (OCEAN), используются маркеры факторов «большой пятерки», полученные из Международного пула личностных элементов Голдберга, представленного в 1992 году в качестве метода факторного анализа для изучения статистических ответов групп путем ответа на следующий вопрос: «Каков идеальный способ?» резюмировать чью-то личность?»[9]

Хотя личностные переменные не поддаются количественной оценке, ответы делят людей на пять широких групп в соответствии с их доминирующими чертами: (О-Открытость С-Добросовестность D-Экстраверсия E- Экстраверсия A-Доброжелательность

N – Невротизм. Понимая эти типы личности, вы сможете лучше понимать людей, понимая их потребности, выстраивая значимые связи через общие интересы и соответствующим образом адаптируя свое поведение.

Интересным фактором здесь является то, что эти личности могут быть продуктом как природы, так и воспитания. Родители могут передать их по наследству, или отдельные люди могут развить их на основе того, как они были воспитаны.

Давайте углубимся в эти черты личности и оценим, что оказывает большее влияние – природа или воспитание.

Открытость. Эта черта личности известна тем, что приветствует новые знания и опыт. Люди с более высоким рейтингом по этой шкале, как правило, проницательны и изобретательны, их интересы сильно различаются; новаторство и любопытство также занимают в них видное место; с другой стороны, те, кто имеет более низкий рейтинг, могут быть более осторожными, последовательными и с трудом справляются с абстрактными мыслительными процессами. Если вы хотите оценить чей-то уровень открытости по такой шкале, попробуйте задать следующие вопросы: Любите ли вы приключения?

Ваше воображение разыгралось? Были ли вы инициатором новой деятельности раньше?

Готовы ли вы к новым вызовам?

Ответ «да» на все эти вопросы свидетельствует о высоком уровне открытости. Люди с таким высоким уровнем открытости наслаждаются жизненными вызовами и ищут творческие возможности для творческого самовыражения. 57% людей наследственно обладают этой чертой открытости.

Добросовестность

Общие характеристики этой черты личности включают целеустремленность, вдумчивость и хороший контроль импульсов. Сознательные люди, как правило, являются отличными планировщиками и думают наперед, принимая жизненные решения; более того, они хорошо осведомлены о том, как их действия влияют на других, а также о сроках, которые, возможно, необходимо соблюдать.

Люди, которые занимают высокие места по шкале добросовестности, как правило, внимательны, организованы и эффективны в своем подходе к задачам и деталям. Люди с более низким рейтингом обычно непринуждены и расслаблены. Вот несколько вопросов, которые помогут вам оценить, на каком уровне находится человек с точки зрения добросовестности:

Гордитесь ли вы своей дисциплинированностью?

Вы организованы и готовы ко всему, что может возникнуть? Или вы предпочитаете быть спонтанным? Вам нравится соблюдать график, оперативно расставлять приоритеты в задачах и сразу обращать внимание на детали?

Ответ «да» на эти вопросы указывает на высокий уровень сознательности человека, о чем свидетельствует организованность и порядок в жизни и отношениях. Добросовестность имеет наследственное влияние на 49%.

Экстравертные черты можно определить по таким характеристикам, как коммуникабельность, напористость, возбужденность, эмоциональная выразительность и разговорчивость. Люди, демонстрирующие эту черту личности, как правило, общительны и преуспевают при участии в общественных мероприятиях.

Люди с высокими показателями по шкале экстравертов преуспевают, находясь в центре внимания и наслаждаясь общением с людьми. Напротив, люди с низкими показателями (интроверты) находят социальные взаимодействия утомительными и наслаждаются одиночеством больше, чем компанией других людей.

Чтобы понять экстраверсию человека, задайте следующие вопросы: 8.5 Испытываете ли вы трудности с тем, чтобы быть в центре внимания на собраниях или начинать разговор в социальных сетях? Вам нравится знакомиться с новыми людьми и у вас большой круг знакомых или друзей?

Склонны ли вы озвучивать вещи, прежде чем обдумать их?

Если они согласны с этими вопросами, они получают высокие баллы по шкале экстраверсии. Если вы окажетесь среди людей с более низкими показателями по этой шкале, постарайтесь не заставлять их становиться экстравертами, поощряя чрезмерные разговоры или толкая их на общественные собрания; люди с интровертными чертами личности склонны держаться ближе к тем местам, которые обеспечивают эмоциональное питание и комфорт.

Черты экстраверта имеют наследственное влияние на 54%.

приятность

Это измерение личности включает в себя такие качества, как доброта, доверие, привязанность, альтруизм и другие просоциальные характеристики. Люди с высоким уровнем доброжелательности склонны к состраданию, дружелюбию и сотрудничеству, в то время как люди с низким уровнем этой черты могут стать отстраненными, аналитическими или соревновательными, иногда даже доходя до манипулятивного поведения.

Опросите людей, чтобы выяснить, на каком месте они находятся по шкале приятности: легко ли они доверяют и охотно предоставляют второй шанс другим, сочувствуют ли они, нравится ли им создавать комфорт для других и т. д.

Вы заинтересованы в оказании помощи нуждающимся?

Утвердительный ответ на эти вопросы свидетельствует о высоком ранге по шкале приятности. Люди с низкими баллами по этой шкале часто не испытывают сочувствия естественным образом и должны прилагать сознательные усилия и изменения в поведении, чтобы поставить себя на место других людей и реагировать соответствующим образом; 42% наследственных факторов играют роль в покладистости.

Невротизм К этому аспекту личности относятся такие черты, как капризность, эмоциональная нестабильность и грусть. Нейротизм относится к тому, как кто-то справляется со своими эмоциями; люди, получившие высокие баллы по этой шкале, как правило, чувствительны, легко раздражительны и подвержены перепадам настроения; с другой стороны, те, кто набрал более низкие баллы, как правило, эмоционально защищены, защищены и устойчивы.

Задавая эти вопросы, можно оценить, на каком месте человек находится по шкале невротизма: (Беспокойство? Легко избавиться от стресса? Периодические изменения настроения).

Вам трудно справляться со стрессовыми ситуациями?

Утвердительный ответ на эти вопросы свидетельствует о высоком невротизме человека. Знание их провоцирующих и успокаивающих факторов поможет держать их настроение под контролем.

Нейротизм имеет наследственный компонент на 48%.

Понимание этих характеристик и того, как они влияют на людей, является ключом к лучшему общению и определению того, как лучше всего взаимодействовать с кем-то перед вами.

Теория темперамента доктора Дэвида Кейрси

Создатель образовательных программ и психолог, доктор Дэвид Кейрси представил «Сортировщик темпераментов Кейрси», который классифицирует людей на четыре группы темперамента на основе моделей деятельности, коммуникативных привычек, отношения к характеру, талантов и ценностей - принимая во внимание влияние каждого человека на рабочем месте относительно личных потребностей. .

Доктор Дэвид Керси утверждает, что человеческую личность можно разделить на четыре большие группы в зависимости от темперамента. Каждый темперамент включает в себя свой набор сильных и слабых сторон и качеств, характеризующих его характеристики. К этим четырем темпераментам относятся:

Ремесленники. Этих людей легко отличить от других по их опыту в таких творческих областях, как искусство, литература и поэзия. Их действия служат выражением их артистизма, а жажда приключений побуждает их идти на риск или порой действовать спонтанно.

Опекуны занимают важное положение в обществе, сотрудничая с окружающими и следуя правилам, поддерживаемым традиционными культурами. Их преданность делу помогает поддерживать порядок: они составляют от 40 до 45% населения.

Идеалисты Люди, которые сосредоточены на саморазвитии и совершенствовании, вероятно, принадлежат к группе идеалистического темперамента, с сильным чувством лояльности к другим, мотивированными на действия, которые помогают другим, и активно предпринимающими шаги, приносящие пользу обществу в целом. К этой категории темперамента принадлежит 15-20% населения.

Рационалисты, известные своим прагматичным и логическим стилем мышления, являются одними из самых редких типов личности и известны своим опытом решения проблем. Однако как только что-то захватывает их воображение, они могут настолько погрузиться в происходящее, что оторвались от реальности, и другие будут воспринимать их как странных или далеких.

Лишь 5-10% населения попадает в группу темперамента Рационалов. Консультанты по вопросам карьеры часто используют Keirsey Temperament Sorter, поскольку он помогает людям лучше понять себя и вести их по правильному карьерному пути.

Все эти теории направлены на понимание человеческой природы, того, что мотивирует людей, и их реакции на определенные ситуации. Благодаря знаниям, накопленным исследователями на протяжении десятилетий, мы можем лучше читать людей и налаживать связи между нами.

Как полагает большинство людей, слушать не значит слышать. Люди обычно вступают в разговор либо в надежде, что их услышат, либо в надежде, что их вообще не услышат. Последний случай часто приводит к тому, что мы обращаем меньше внимания на то, что говорит другой человек, чем мы предполагали, при этом обе стороны ощущают отсутствие нашего интереса, поскольку это ощущается обе стороны.

Внимательное слушание может изменить правила игры и улучшить вашу способность понимать людей. Простое обращение внимания на то, что на самом деле говорят люди, может изменить все: нет необходимости угадывать, как кто-то думает; просто внимательно слушайте, когда кто-то говорит, если вы хотите заглянуть кому-то в голову; вместо этого обращайте больше внимания, когда кто-то говорит; многие не прячут свои мысли и мнения за стальными стенами, предпочитая вместо этого открыто говорить о том, кто они, и не боятся впустить вас, если только вы слушаете достаточно внимательно!

Вы не почувствуете необходимости читать чьи-то мысли, если сможете точно интерпретировать их намерения во время разговора.

Карл Роджерс и Ричард Фарсон впервые популяризировали термин «активное слушание» в 1957 году, и со временем его определение стало широко признанным. Активное и пассивное слушание — это две формы слушания. Для достижения наилучших результатов прослушивания следует отдавать предпочтение активному слушанию. Чтобы по-настоящему сосредоточиться на ком-то, нужно отдать предпочтение активному слушанию, а не пассивному.

Активное слушание требует умственного присутствия, терпения и способности слышать, не чувствуя необходимости говорить в ответ. Сосредоточьтесь на понимании того, что говорит другой человек, сопротивляясь любым побуждениям перебить его. Каждый раз, когда вы чувствуете, что можете добавить что-то получше, решите подождать. Каждый раз, когда мы говорим, мы упускаем возможность для роста. Предоставляя кому-то безопасное пространство для самовыражения, вы можете получить ценную информацию. Позвольте кому-то другому держать вас за руку и вести вас в интимное путешествие по своему разуму!

Не нужно гадать и читать между строк! Просто позвольте другому человеку говорить, не перебивая его и не осуждая – так вы узнаете о нем больше, чем при использовании любой другой стратегии!

Люди любят говорить о себе! Воспользуйтесь этой естественной тенденцией, проявив искренний интерес и задав наводящие вопросы, чтобы раскрыть всю информацию о себе, которую они могут раскрыть.

Используйте язык тела для поддержки

Разговаривать с человеком, чей взгляд ни на что не устремлен за вашим плечом, не приятно и не обнадеживает, поэтому убедитесь, что язык вашего тела отражает ваш интерес во время общения. Поворачивайтесь к ним, часто улыбайтесь и часто кивайте, сохраняя при этом зрительный контакт – не выглядите скучающим или незаинтересованным, поскольку это быстро станет очевидным и будет неуважительным по отношению к ним, когда вы узнаете больше об их личности.

Уменьшение отвлекающих факторов

Очень важно, чтобы ваш ум оставался свободным от отвлечений. Пока кто-то говорит, не поддавайтесь желанию составлять мысленные списки или отвечать на электронные письма во время разговора; присутствовать. Все, что отвлекает внимание, должно быть удалено: уберите телефон подальше от прямой видимости, чтобы у вас не возникало соблазна взять его в руки, или проверять уведомления каждый раз, когда он звонит!

Ободряюще кивайте и отвечайте на их истории.

Обязательно ободряюще кивайте, наклоняйтесь вперед и реагируйте соответствующим образом, когда слушаете истории, чтобы показать, что вы глубоко увлечены, но не переусердствуйте, чтобы выглядеть убедительно. Есть разные способы продемонстрировать, что вы слушаете; вот несколько:

* Отвечайте, используя свое тело. Например, широкое открытие глаз или сжатие кулаков может служить признаком того, что что-то не так – будь то шок, удивление, разочарование или волнение.

* Повторите свое заявление. Например, если они скажут вам, что предпочитают морковь другим овощам, ответьте что-то вроде: «Вы хотите сказать, что из всех овощей на земле вы предпочитаете морковь?» Чтобы показать, что вы внимательны, повторите то, что он сказал, вслух, чтобы другой человек знал, что вы услышали и поняли его точку зрения. Это покажет ваш интерес и покажет им, что вы заботитесь о них.

* Попросите их повториться. Хотя это может показаться грубым, это показывает ваше уважение к каждому их слову и гарантирует, что вы не пропустите ничего важного.

Простое слушание может помочь вам получить гораздо больше знаний о людях, чем любой другой подход. Когда мы слушаем, когда кто-то говорит, и задаем уместные вопросы, мы можем узнать гораздо больше, чем иначе! Проявите искренний интерес к другим, и они откроют вам свои интеллектуальные игры!

Глава 11: Правильное понимание языка тела

Вы когда-нибудь ходили на свидание и размышляли о том, что думает или чувствует другой человек? В идеале должны быть таблички, сообщающие нам о ходе встречи. Ну... есть! Язык тела — это бессознательное средство передачи того, что человек чувствует; правильно интерпретировать его сигналы. Иногда эти подсознательные сигналы проявляются неосознанно. Исследование Калифорнийского университета в Лос-Анджелесе[12] иллюстрирует эту точку зрения; только 7% общения происходит посредством того, что мы говорим (то есть словами), 38% — посредством тона и 55% — с помощью языка тела — умение интерпретировать эти 55% может дать преимущество в понимании людей.

Поэтому в следующий раз, когда вы пойдете на свидание или посетите какое-либо общественное мероприятие, обратите внимание на эти тонкие сигналы:

* Улыбающиеся глаза: Говорят, глаза — это зеркало нашей души; это конечно правда! Когда люди счастливы, их улыбка часто не скрывается, несмотря на попытки ее скрыть, пока, в конце концов, их кожа не начинает морщиться вокруг глаз, образуя гусиные лапки, выдавая свое присутствие! Иногда люди улыбаются просто из вежливости или чтобы скрыть истинные чувства — поэтому, если вы хотите узнать, искренна ли у кого-то улыбка, просто обратите внимание на его глаза!

*Скрещенные ноги и руки: Скрещенные ноги и руки образуют физический барьер против стоящих перед ними и указывают на сопротивление, даже если их слова или улыбка указывают на обратное. Психологическая интерпретация предполагает, что этот язык тела указывает на кого-то, кто эмоционально, психологически или физически отстранен от всего, что лежит перед ним.

* Поднятые брови: Когда кто-то поднимает брови, это может указывать на беспокойство, страх или удивление. Это трудно сделать в непринужденной беседе; попробуйте поднять их, наслаждаясь кофе с друзьями, и вы сразу заметите разницу.

* Отзеркаливание языка тела. Встречали ли вы когда-нибудь, чтобы кто-то отражал язык вашего тела, наклоняя голову так же или скрещивая ноги точно в тот же момент, что и вы? Это показывает, что они заинтересованы в том, что вы говорите, и подсознательно копируют вас из уважения; если это произойдет на свидании, это может иметь неоценимое значение!

* Сжатая челюсть: при участии в конфликтных или спорных ситуациях одна из характеристик, которая быстро становится очевидной, — это стиснутые челюсти, нахмуренные брови или напряженная шея, поскольку дискомфорт вызывает физическое напряжение в теле, которое проявляется в сигналах стресса, вызывающих эту реакцию.

* Преувеличенное кивание: Если кто-то отвечает, неоднократно кивая в ответ на то, что вы говорите, это не означает его согласия с тем, что говорится, а, скорее,

показывает его беспокойство и его желание доставить вам удовольствие, кивнув соответствующим образом.

Несмотря на то, что вы не можете напрямую читать чьи-то мысли, вы все равно можете наблюдать за языком тела и интерпретировать их истинные чувства. Изучение психологии людей — это процесс обучения на протяжении всей жизни, который становится только лучше с опытом. Выявление мотивов, стоящих за их действиями, и сопоставление их с личностными качествами дает более глубокое понимание того, как работает наш разум и как можно его распутать.

Задумывались ли вы когда-нибудь о том, как ваш вклад повлияет на разговор? Чтобы понять людей, нужно не только наблюдать за тем, что делают другие, но и наблюдать за самими действиями. Связь двусторонняя; Чтобы действовать правильно, вам нужно внести свой вклад, понимая и приспосабливаясь к тому, что вам сообщает другая сторона.

Никто не сможет точно читать людей, если вы наполнены предрассудками и убеждениями, которые мешают вам увидеть полную картину. Прежде чем начать наблюдать за другими, необходимо получить глубокие знания о себе — о том, как вы действуете, думаете, воспринимаете людей.

В этом разделе исследуются ваши внутренние убеждения, чтобы выяснить, не мешают ли какие-либо предубеждения, предрассудки или ограниченное понимание человеческой природы общение или восприятие других.

Глава 12: Познай себя, прежде чем понимать других

Помните, когда Дональд Трамп написал в Твиттере: «Я очень стабильный гений»? Его ответ вызвал критику со стороны комиков и журналистов за недостаток самосознания, однако большинство людей терпят неудачу в этой области, что часто приводит к трудностям в понимании других. Хотя поначалу это может показаться запутанным, «каждый человек — ваше зеркало», поэтому, чтобы полностью понять другого человека, вам сначала нужно полностью понять себя! Это то, о чем большинство людей не знает!

Это подводит нас к следующему вопросу (т. е. как познать себя). Что ж, это обширный процесс, который предполагает быть предельно честным с самим собой — иногда это может показаться легким или легким, но иногда этот вызов становится величайшим испытанием за всю вашу жизнь! Например, иногда наш гнев или эмоциональные вспышки могут показаться оправданными, потому что их спровоцировали другие люди; тем не менее, мы как личности обязаны контролировать свои реакции, а не возлагать на них вину.

Слепые пятна определяются как черты, видимые для других, но невидимые для нас самих. Психолог Симине Вазире провела эксперимент, чтобы проверить эту теорию.[13] Он попросил участников оценить себя и четырех друзей по различным качествам, таким как интеллект, эмоциональная стабильность, напористость и креативность, чтобы увидеть, кто сможет точнее предсказать, кто лучше предскажет личность и черты каждого человека: они сами или их друзья. Цель состояла в том, чтобы выяснить, какой тип личности точнее предсказал.

Результаты показали, что люди лучше осознавали свою эмоциональную стабильность по сравнению с эмоциональной стабильностью своих друзей, например, когда они выступали на публике или насколько они напряжены, выступая в групповых дискуссиях. Друзья могли лучше понять, участвовал ли настойчивый кандидат в тестах на креативность или IQ, и прогнозировали его результаты.

Ваша способность понимать свою эмоциональную полосу проявляется в том, что она становится более заметной для других, чем могла бы в противном случае.

Черты характера, которые более заметны другим людям, чем вам самим, могут оставаться для вас загадочными. Пение в караоке-баре требует убеждения и себя, и тех, кто слушает, в том, что ваш талант существует, но именно эти слушатели смогут лучше всего оценить ваш стиль пения и вокальный диапазон.

Люди склонны переоценивать свой интеллект, причем эта закономерность чаще наблюдается среди мужчин, чем среди женщин. Люди также склонны переоценивать свою щедрость, поскольку щедрость считается похвальной чертой. Люди также ошибочно полагают, что они не предвзяты и не осуждают, потому что кто допустит такие претензии к себе?

Как вы можете очистить это нечеткое представление о себе и ясно увидеть себя в зеркале? Всякий раз, когда вам трудно принять какой-то аспект себя, попросите самых близких вам людей поддержать вас и подержать перед вами зеркало. Друзья, родители или романтические партнеры, как правило, лучше понимают, кто вы на самом деле, чем кто-либо другой; однако их впечатление также может омрачиться из-за любви или предубеждений, которые они питают против вас.

Ваши ЖИЗНЕННЫЕ ЖИЗНЕННОСТИ составляют вашу личность; понять их. К ним относятся:

Ценности (V), Интересы (I), Темперамент (T), Круглосуточная деятельность и цели (ATC), Жизненная миссия и цели (LMG) важны для успешной жизни.

S – Навыки/Сильные стороны

Признание своих ценностей, таких как помощь другим, честность, доброта, формирует основу для принятия важных жизненных решений и постановки целей. Знание своих ценностей помогает вам идти вперед в трудные времена и поддерживает высокую мотивацию! Запись их в журнале или дневнике доказала, что мотивирует действия, направленные на самосознание! Зная свои ценности!

* Принимая решения, вы полагаетесь на чувства или факты? * Как вы пополняете свои запасы энергии — экстраверт или интроверт? * Вы все тщательно планируете или плывете по течению? * Для вас важнее детали или более масштабные идеи?

Понимание своих ответов на такие вопросы позволит вам интуитивно поместить себя в ситуации, которые будут способствовать росту, избегая при этом тех, которые его ограничивают. Когда ваша личность гармонирует с окружающей средой, энергия используется для продуктивных проектов, а не тратится впустую, и вы чувствуете себя менее истощенным, чем раньше.

Биоритмы или круглосуточная деятельность. Здесь следует сосредоточиться на своих биоритмах или круглосуточной деятельности, например, когда у вас наблюдается пиковый уровень энергии: утром или в середине дня? Гармонизация со своей биологией позволяет вам планировать действия, когда они принесут наибольшую отдачу; часто эти характеристики присутствуют с рождения – вопрос лишь в том, чтобы распознать их и действовать соответственно.

Сочетание биологических частот с деятельностью приносит полезный опыт, делая жизнь намного проще, когда вы не притворяетесь тем, кем вы не являетесь!

Жизнь становится счастливее и осмысленнее, когда мы понимаем миссии и цели нашей жизни. Если вы не уверены, как это сделать, вспомните события, которые имели особенное значение в вашей жизни, исследуя их причины: были ли это люди, которых вы там встретили, или просто чувство, которое вы испытали?

Это упражнение может раскрыть скрытые аспекты вашей личности, а также раскрыть, что движет вашими карьерными решениями или другими аспектами.

Когда вы знаете, куда хотите двигаться в жизни, вам будет легче оценить, обладаете ли вы инструментами или сильными сторонами, необходимыми для достижения ваших жизненных целей. Они могут включать в себя таланты, способности или навыки, а также сильные стороны характера, такие как эмоциональный интеллект, стойкость и лояльность – и так далее.

Признание своих сильных сторон и способностей укрепляет уверенность в себе; незнание о них приводит к снижению самооценки.

Чтобы лучше понять свои сильные стороны, прислушивайтесь к комплиментам, но сохраняйте скромность, принимая их! Например, если кто-то говорит вам, что ему нравится ваш успокаивающий голос, воспримите это как возможность отточить свой талант и пойте чаще! Кроме того, обращайте внимание на любые слабости, чтобы они не нанесли ущерба вашей уверенности в себе и не потребовали корректирующих действий.

Как только вы начнете лучше осознавать себя и понимать себя (т. е. свои личностные качества, сильные и слабые стороны и триггеры), вы почувствуете прилив сил, зная, что можете использовать эти знания не только для саморазвития, но и для лучшего понимания окружающих. ты. Зная себя лучше, вы будете знать, где необходимо провести границы, а также каких триггеров следует избегать, чтобы не нарушить душевное спокойствие – все необходимые навыки для того, чтобы выкладываться на 100 процентов, не чувствуя себя истощенным!

Знание - сила; самопознание может принести мир.

Поймите свои предубеждения, предубеждения и ограничения

Скорее всего, вы слышали истории о предвзятости, когда кого-то упускали из виду при приеме на работу или преследовали правоохранительные органы из-за расы, пола или национальности. Наше естественное восприятие таких людей состоит в том, что они плохие люди из-за предвзятости по отношению к определенным группам; но большинство из них не осознает, что исследователи в области мозга и психологии утверждают, что предубеждения и предубеждения, как правило, представляют собой подсознательные процессы, которые по-прежнему влияют на взаимодействие с другими людьми и способствуют социальной несправедливости в обществе.

Такое поведение становится более очевидным при взаимодействии с людьми за пределами вашего непосредственного круга общения, демонстрируя предрассудки (эмоциональные предубеждения), дискриминацию (поведенческие предубеждения) и стереотипы (когнитивные предубеждения). Такие предубеждения могут быть бессознательными (т. е. автоматическими и амбивалентными); возможно, им также способствовало общество в целом; воспитание имеет огромное влияние. Вы можете развить осознание своего бессознательного мышления, а также определить, как оно влияет на вас изо дня в день.

Как формируются предубеждения и предубеждения и что с ними можно сделать? При рассмотрении этих вопросов следует сначала сосредоточиться на том, откуда берутся предубеждения и предрассудки, а затем на способах смягчения их последствий. Наш разум склонен классифицировать и разделять информацию на отдельные разделы, что приводит к такому поведению. Когда вы формируете ассоциации в социальных обстоятельствах, сохраняя, обрабатывая и применяя знания о других, известные как социальное познание; неявные предубеждения возникают, когда наш мозг ищет закономерности для установления связей, и это приводит нас обратно к неявным предубеждениям!

Неявные предубеждения возникают из-за склонности нашего мозга искать кратчайшие пути в попытке упростить жизнь. Поскольку информационная перегрузка может сделать обработку данных громоздкой и трудоемкой, мысленные ярлыки позволяют нам быстрее просмотреть все это и найти нужную информацию.

Хотя изменение предубеждений и предубеждений других людей является непростой задачей, определив свои личные предпочтения, вы можете помочь уменьшить их и помочь другим понять, как их предубеждения влияют на их суждения и действия по отношению к другим.

Начнем с фундамента. Прежде всего, признайте, что каждый человек — это личность с индивидуальными качествами, сильными и слабыми сторонами, которые невозможно классифицировать. Поэтому тратьте время на знакомство с людьми на интимном уровне и избегайте категоризации или стереотипизации людей на основе стереотипов или предрассудков. Если ваша реакция на кого-то возникает из-за одного из них, немедленно измените свое поведение, чтобы устранить такие предвзятые убеждения; хотя иногда ответы могут прийти быстро; после действия потратьте некоторое время, чтобы подумать и рассмотреть другие варианты, прежде чем снова действовать определенным образом.

Изменение точки зрения также является ключом к изменению менталитета. Видя вещи с точки зрения других, вы ставите себя на их место и помогаете понять, откуда они, как они думают и их опыт. Это также может вызвать у вас сочувствие — как только это чувство возникнет, вы, естественно, дважды подумаете, прежде чем выносить о них суждение.

Знакомство с новыми культурами, этническими группами и расами также полезно для расширения вашего кругозора. Уделяя больше времени и внимания людям из этих групп, вы почувствуете мгновенное чувство принадлежности, которое предотвратит развитие каких-либо предубеждений против них.

Помимо йоги и медитации, практики осознанности, такие как сосредоточенное дыхание или целенаправленная йога-медитация, также позволяют людям осознать себя и взять под контроль свои мысли и действия.

Личные предубеждения, предубеждения и ограничения могут быть неприятными, поскольку они мешают вам видеть людей за пределами определенных рамок, что, в свою очередь, приводит к неправильному их пониманию. Но есть и положительная сторона: непредвзятость и осознание этих ограничений позволит вам работать над их устранением или, по крайней мере, уменьшением - это не только улучшит ваше понимание людей, но и еще больше расширит ваш кругозор и будет способствовать личностному развитию.

Вы когда-нибудь оказывались в тупике, не зная, в каком направлении двигаться? После составления исчерпывающего списка плюсов и минусов различных доступных вам вариантов вы не добились прогресса в принятии решения? Каждый вариант создает разные препятствия, из-за чего вы не знаете, как лучше двигаться дальше.

В таких обстоятельствах важно провести честную инвентаризацию себя и определить свои истинные желания. Но если этот процесс не является для вас естественным и давление заставляет вас действовать импульсивно или вместо этого подчиняться поведению, угождающему людям, результаты могут быть разрушительными!

Интуиция может быть вашим другом в трудную минуту. Некоторые называют это интуицией; другие называют это своим внутренним чувством, внутренним голосом или предчувствием; независимо от названия, интуиция проведет вас по трудным жизненным путям, подсказав, когда решение соответствует вашему сердцу.

Однако многим людям сложно распознать свою интуицию. Это потому, что наши внутренние препятствия часто мешают нам, такие как чрезмерное обдумывание, поиск одобрения, неявные предубеждения и прошлые травмы, которые мешают нам воспользоваться этим. Преодоление этих препятствий требует самосознания и способности определять, что движет вашими решениями; когда это достигается, возникает сильное интуитивное мышление, ведущее к принятию решений, которые приносят пользу нам как личностям, и мы должны проявлять осторожность при выборе решений, которые приносят нам пользу.

Известные люди, такие как Генри Форд, являются прекрасным примером тех, кто полагается на интуицию. Один из таких людей был в 1914 году, когда Генри Форд столкнулся с падением спроса и высокой текучестью кадров в своей компании. Вместо того, чтобы последовать традиционному совету и увеличить зарплаты сотрудников на 50%, он сделал смелый шаг и вместо этого удвоил их, что привело к снижению текучести кадров и большему количеству рабочих, позволяющих себе автомобили, и, в конечном итоге, снова к росту спроса.

Альберт Эйнштейн был еще одним известным ученым, который игнорировал традиционные теории физики из-за своей интуиции. Он признал, что верил во вдохновение и интуицию и был уверен в своей правоте, хотя не знал наверняка. Когда ученые, финансируемые Королевской академией, проводили эксперименты по проверке теории относительности Эйнштейна, он был уверен в их успехе – неудивительно, что затмение 29 мая 1919 года подтвердило его теорию!

Пол Маккартни во многом полагался на интуицию при создании «Вчера». По его словам, он мечтал написать что-то, что станет чрезвычайно популярным, но боялся, что его содержание может отличаться от ожидаемого. И все же он верил в себя и полагался на интуицию, которая в конечном итоге привела его к успеху и тому, что он считал «самым волшебным опытом».

Так что же такое интуиция? Один из ключевых моментов, касающихся интуиции, который следует помнить, заключается в том, что ей не хватает логики; вместо этого он полагается на эмоциональные инстинкты, опыт или другие факторы при принятии решений. Кроме того, интуицию можно разделить на три разные категории.

* Проницательность и последовательность: эта область связана с интеллектом (IQ) и предполагает осознание чего-либо без понимания его источника.

Субъективная интуиция означает иллюзию знания чего-либо, часто используемую интеллектуально любопытными людьми, решающими головоломки. * Неявное обучение означает познание чего-либо посредством усвоения когнитивных моделей.

Интуиция опирается на сопоставление шаблонов из прошлого опыта с шаблонами из нынешних ситуаций, при этом информация обрабатывается вашим мозгом как сознательно, так и подсознательно. Затем ваша интуиция извлекает эти мысли и шаблоны из вашей бессознательной части мозга и применяет их непосредственно в текущем сценарии — это приводит к более быстрому и решительному принятию решений.

Предсказательные способности мозга вступают в игру путем сопоставления или несоответствия скрытых знаний, которые еще не дошли до сознания, с текущим опытом.

Почему мы превратили это в лекцию об интуиции? Просто потому, что как только вы поймете его работу и влияние на принятие решений, вы сможете отличить его от вызванных страхом эмоциональных реакций и использовать его идеи для принятия более эффективных жизненных решений.

Вы можете не только выявить свою интуицию, но и усилить ее с помощью различных упражнений.

Сознательный самоанализ помогает повысить самосознание и осознать свои приоритеты. Люди, которые регулярно занимаются самоанализом, исследуют свои чувства, то, где они на них влияют и в чем заключаются их эмоциональные реакции. Люди, которые регулярно занимаются самоанализом, не боятся чувствовать свои эмоции; скорее, у них формируется привычка спрашивать: «Что я чувствую по этому поводу?» чтобы распознавать свои эмоции и доверять им.

Люди с высокой интуицией известны тем, что они открыты и честны с самим собой, не прячась за вымышленным фасадом, размышляя о своих потребностях и желаниях, а не попадая в ловушку «должного». Их точка зрения основана на ценностях, которые помогают поддерживать внутренний баланс и держать интуицию под контролем.

Заряжая свою энергию, они время от времени ищут уединения, чтобы подзарядиться и поразмышлять внутри себя. Одиночество может проявляться в виде неторопливых прогулок по паркам и лесам, чаепития кофе у костра или сидения у моря, наблюдая за закатом – любое занятие, которое позволяет им услышать свой внутренний голос, одновременно давая себе передышку.

Эмпатия — еще одна характеристика, часто встречающаяся среди интуитивных людей. Их способность поставить себя на место других людей и почувствовать, как кто-то другой может воспринять событие, делает их незаменимыми людьми для многих других. Их интуиция вызывает у них любопытство понять, насколько близкими они себя чувствуют; не из любопытства, а из желания установить прочные связи между людьми; чем больше интуитивный эмпат знакомится с кем-то, тем легче ему становится предсказать настроение этого человека и выяснить его потребности и эмоции. Их чувства улавливают такие сигналы, как язык тела и социальное взаимодействие, которые помогают им более точно понять, что людям нужно от окружающих, с точки зрения языка тела или социальных взаимодействий, которые помогают соединить точки, чтобы понять, что друг другу нужно от них, и понимание. что людям нужно от других, с точки зрения языка тела или социального взаимодействия, которые помогают интуитивным эмпатам чувствовать, что нужно от них друг другу.

Интуиция может быть мощным ресурсом, который поможет вам избежать вредных ситуаций и направить вас к тем, которые принесут большее удовлетворение. Благодаря своей мгновенной реакции и возможностям раскрытия умственных способностей интуиция помогает нам принимать быстрые и обоснованные решения. Выявите ситуации, в которых интуиция проявляется наиболее легко, чтобы вы могли более полно использовать этот ресурс. Воссоздайте такие моменты, чтобы максимизировать свою мощь.

Жизнь в современном обществе во многом формирует наши действия, мышление и личность; оставаться верным себе в этой жизни может быть непросто; однако искренность помогает полностью раскрыть ваш потенциал и реализовать его в полной мере.

Когда кто-то спрашивает вас, как ваши дела, как вам следует ответить? Склонны ли вы предположить, что им все равно, и дать неискренний ответ, например: «Со мной все в порядке»? Или вам стоит подумать о том, чтобы честно ответить, что вы на самом деле чувствуете? Большинство людей выбирают последний подход, поскольку раскрытие своего истинного состояния приведет к дальнейшим разговорам о себе, которых многие предпочитают избегать.

В идеале люди не боялись бы свободно выражать свое мнение и носить маски вместо того, чтобы закрываться от других. Однако, к сожалению, когда мы продолжаем носить маски слишком долго, их становится трудно снять, из-за чего мы становимся теми, кем мы не являемся, и даже когда мы одни, мы начинаем думать о том, как нас видят другие и что другие могут о нас подумать.

Свенд Бринкман, датский психолог, отметил, что люди часто ожидают, что они и другие всегда будут выглядеть счастливыми и позитивными; однако это может иметь негативные побочные эффекты. Хотя позитивный настрой может быть позитивным сам по себе, постоянное проявление счастья может включать в себя сокрытие своих истинных чувств, чтобы доставить удовольствие другим, выглядя позитивным[14].

Никто не может оставаться счастливым и оптимистом все время. Притворяясь, что все в порядке, хотя на самом деле это не так, вы перестаете быть напористым и начинаете отдаляться от того, кем вы являетесь на самом деле. Признание негативных эмоций побуждает задуматься о том, что их вызвало, и о событиях, которые могли способствовать их проявлению; как только она обнаружена, следует приложить усилия для ее решения; простое сокрытие проблем со временем только увеличит их серьезность и станет неуправляемым.

Как вы можете начать путь к тому, чтобы стать самим собой?

Научитесь быть уязвимыми
Быть верным себе означает уметь просить о том, что вам нужно, и выражать это устно. Выражение чувств через речь позволяет нам сформулировать наши потребности и желания, например, сказать кому-то: «Это нормально, когда все не в порядке». Игнорирование одного аспекта себя может означать подавление другой части; Быть самим собой – значит принимать все части себя – как нуждающиеся, так и самодостаточные!

Уязвимость даёт другим меньше возможностей подчеркнуть ваши недостатки или слабости; узнав об этом, другие не смогут использовать это против вас.

Найдите время понаблюдать за тем, как вы ведете себя, когда рядом никого нет; какие действия радуют других или себя? Стать самим собой не зависит от успеха или высокого статуса; скорее, это влечет за собой развитие характера через то, как вы ведете себя, когда никого нет рядом.

Чтобы достичь той жизни, о которой вы мечтаете, крайне важно, чтобы вы были верны тому, кем вы хотите быть. Многие придерживаются в жизни подхода «притворяйся, пока не добьешься успеха», но это может стать непростой задачей, если им не хватает страсти и желания жить по-настоящему. Сильный характер помогает развить устойчивость, которая позволяет нам легче достичь желаемых целей.

Характер определяется тем, как вы реагируете в той или иной ситуации, а не тем, как вы становитесь жертвой того, что с вами происходит. Частью этой концепции является поступать правильно, сталкиваясь с препятствиями; другой аспект предполагает усилия по их преодолению, чтобы доказать другим, что вы можете противостоять всему, что встречается на вашем пути. Взять на себя ответственность за свою жизнь — значит не извиняться за принятые решения и действия, сохранять оптимизм даже во времена трудностей и становиться лучше, чтобы создать ту жизнь, которую вы себе представляете.

Но как определить, чего вы действительно желаете? К сожалению, успех, статус или богатство не всегда приносят счастье или удовлетворение — наше стремление к материалистическим целям проистекает из неверия в то, что нас достаточно.

Потребность людей чувствовать себя «достаточно» тем, кем они являются, — вот что мотивирует многих из них покупать дорогие вещи и обедать в роскошных ресторанах. Ваше эго начинает говорить вам, чтобы вы были тем, кем вы являетесь, а не только для того, чтобы доказать другим свою самооценку; но это не отражает истинного понимания самооценки.

Эго может подавлять наше подлинное «я» своим неустанным поиском ценности и любви к себе, поэтому в качестве средства заполнения этой пустоты мы подпитываем его, стремясь к богатству или статусу.

Признание того, что вам достаточно без всех материалистических излишеств, является ключом к осознанию того, кем вы являетесь на самом деле, и созданию той жизни, которую вы себе представляете. Поверив в это глубоко внутри себя, вы сможете понять, кем вы являетесь на самом деле, и построить для себя полноценное существование.

Принимая и признавая, кем вы являетесь на самом деле, вы посылаете сигнал о том, что готовы вступить на путь, указанный перед вами Вселенной, преодолеть любые препятствия на пути и стать счастливым и довольным человеком.

Не слишком ли усердно мы читаем (судим)? Несколько дней назад, стоя в очереди в спортзал на вечернюю тренировку, я услышал, как две женщины обсуждали другую участницу спортзала, которую они знали как «толстую Джуди». Один сказал что-то вроде: «Интересно, здесь ли она сегодня вечером…».

«Ага, вот она. Господи, она такая дура».

Когда подошла их очередь, обе женщины вошли в спортзал, в качестве развлечения смеясь над Джуди. Это были взрослые женщины, чей источник развлечения заключался в критике кого-то, кто решал проблемы не так, как они сами.

Подобные события напоминают нам, что осуждение — это неприятная эмоция. К сожалению, суждение часто определяет вас больше, чем кого-либо еще; ваши часто возникают из-за ваших внутренних слабостей.

Какая-нибудь из этих ситуаций кажется вам знакомой? «Почему в Инстаграме этой девушки больше подписчиков, чем у меня, хотя ее фотографии выглядят так, будто их сделала ученица начальной школы?» Это означает, что вы хотите, чтобы у вашего аккаунта было больше подписчиков, но при этом чувствуете себя неуверенно.

«Этот парень всегда выглядит счастливым и милым; должно быть, это фальшивка!» Это показывает вашу зависть к его способности общаться с людьми и желание, чтобы ваша жизнь была такой же удовлетворительной, как и его; однако вместо того, чтобы работать над самосовершенствованием себя, вы вместо этого судите и навешиваете ярлыки на других.

«Он думает, что он так важен из-за своей дорогой машины и дома; как поверхностно!» Твои губы говорят так, а твое сердце знает иное; однако то, что выражают ваши губы, на самом деле может означать, что вся эта роскошь заставляет вас желать вести другой образ жизни, а не чувствовать себя постоянно сломленным.

Оглянитесь вокруг и попытайтесь найти тех, кто кажется уверенным в себе, но при этом резко осуждает других. Скорее всего, такого человека не будет, потому что ваши суждения раскрывают слабости, неуверенность и слабые места, которые вы пытаетесь скрыть от общества.

Одна из причин, по которой мы так легко осуждаем других, заключается в том, что мы поступаем то же самое с собой: все дороги ведут обратно к «нам».

Что вы можете сделать, если обнаружите, что читаете и судите других слишком строго? Хотя полная остановка может показаться идеалистической, это просто невозможно. Однако есть эффективный способ поймать себя, прежде чем превратиться в беспринципного монстра-судителя: обратите внимание, когда читаете или осуждаете кого-то, и остановитесь, прежде чем стать им!

Оставайтесь любопытными. Суждения мешают рациональному мышлению и не позволяют вам понимать людей или ситуации; часто эти убеждения исходят из ограниченной информации.

Любопытство держит человека открытым для возможности того, что в ситуации может быть нечто большее; что-то закулисное, чего вы не наблюдаете.

Как только кто-то ведет себя странно или противоречит вашим предпочтениям, задайте себе простой вопрос: «Происходит ли с этим человеком что-то, чего я не вижу?» Этот подход может показаться очевидным, но он напомнит вам, что зачастую происходит нечто большее, чем кажется на первый взгляд.

Выносить суждения о людях может быть легко и даже доставлять удовольствие; однако, чтобы оставаться любопытным, требуется эмоциональный интеллект, зрелость и самоконтроль.

Прежде чем выносить мгновенное суждение о ком-то, остановитесь и подумайте, прежде чем говорить или писать недобрые слова. Слова не возвращаются, однажды сказанные они оставляют впечатляющее впечатление, которое может продлиться всю жизнь! Поставьте себя на их место, чтобы понять их намерения; трансформируйте негативные модели мышления в конструктивные, чтобы вы могли бороться с негативом изнутри, а затем устраните его источник!

Неотъемлемым компонентом личностного роста и развития является осознание наших собственных недостатков, изменение моделей поведения, чтобы стать более позитивными и зрелыми личностями, а также принятие других без осуждения и критики как часть этого пути.

Глава 15: Определите свою мотивацию

Как обсуждалось во второй части, важно понимать, что мотивирует других; но не менее важным для вашего счастья и благополучия является определение и понимание того, что движет ВАМИ в жизни. Сохраняя вдохновение и мотивацию, вы обретете энергию и драйв, которые смогут питать счастье внутри вас и распространяться на окружающих - так же, как наполнение пустого колодца не может принести облегчения!

Внутренняя мотивация может исходить из нескольких источников, включая финансовую независимость, пользу для здоровья, стабильность или самореализацию. Каждый человек уникален в своей мотивации; поэтому некоторые больше преуспевают в работе, ориентированной на выполнение задач или навыков, в то время как другие остаются на должностях в сфере обслуживания - эти факторы определяют, какой путь выберет человек.

1. Внутренняя мотивация. Действия, которые вам нравятся сами по себе, например, изучение криминальной журналистики, потому что просмотр документальных фильмов о криминальных преступлениях и чтение детективных романов вдохновили вас на это.

2. Определенные мотивации: действия, которыми вы занимаетесь, которые приближают вас к достижению ваших целей; например, изучение криминальной журналистики, если ваша цель — работать агентом правоохранительных органов.

Исследования, проведенные с целью изучения влияния внутренней и идентифицированной мотивации на счастье и благополучие детей, показали, что те дети, которые были внутренне мотивированы учиться больше, психологически находились в лучшем состоянии, независимо от их оценок.[15]

Как только вы поймете, какая мотивация движет какими действиями, следующим шагом должно стать определение того, что движет ВАМИ. Проведение самооценки и честность в отношении того, как и почему вы стали тем, кем вы являетесь сейчас, может помочь определить, что движет ВАМИ, а затем составить план действий, чтобы добиться того, чего вы хотели бы достичь в жизни.

Эксперты советуют, пытаясь определить мотивацию, полезно вспомнить те моменты, когда вы чувствовали себя наиболее живыми и стремились что-то завершить. Размышление о тех задачах, которые имели особенно высокий уровень вовлеченности, может выявить ваши увлечения.

Вспомните эти случаи и подумайте, что привело вас к чувству достижения или волнению, а затем изучите их причины и поймите, почему все произошло именно так. Ответив на этот вопрос, вы сможете выявить мотиваторы. Вот несколько вопросов, которые вы можете задать себе, чтобы определить их:

* Кем вы представляете себя через два-три года?

Как поведет себя этот человек? Если бы деньги и ресурсы не были для вас проблемой, кому бы вы помогли из щедрости духа? Где бы вы хотели сделать впечатляющее заявление о том, что вас интересует или мотивирует? * Какие хобби и занятия делают вас счастливыми?

* Какие качества вам необходимо развить, чтобы стать лучшей версией себя и создать ту жизнь, которую вы себе представляете?

Ответьте на следующие вопросы, чтобы раскрыть свои источники вдохновения и вести жизнь, отражающую ваши ценности и убеждения.

Одним из важных шагов на пути к мотивации является борьба со страхом. Страх не дает нам двигаться вперед; оно препятствует движению, заставляет нас сомневаться в себе на каждом шагу и уводит нас на ненужный путь осторожности. К сожалению, иногда наши страхи возникают из воображения, а не из точной оценки рисков; даже если волнение затмевает страх для дальнейшего выполнения вашей задачи, все равно останутся части нас самих, которые захотят защититься от внешних воздействий и сдержаться, стремясь обеспечить свою безопасность.

Чтобы избежать этой ситуации, необходимо разобраться со своими страхами и преодолеть их. Первым шагом должно быть распознавание их путем произнесения вслух; если вы признаете их вслух, их власть над вами может постепенно уменьшаться. Задайте себе эти вопросы:

* Какова вероятность того, что произойдет то, чего вы боитесь?

И почему вы беспокоитесь, что это возможно?

Столкнувшись с ними лицом к лицу, вы сможете узнать, какие страхи реальны, а какие — воображаемые. Ваши опасения также покажут, где могут быть пробелы, которые необходимо заполнить, прежде чем добраться до места назначения, и необходимо разработать стратегии управления рисками. Как только с этими страхами будет решена непосредственная работа, станет гораздо проще быстрее оценить, что движет прогрессом и останавливает его — знания, которые позволят вам быстрее достичь желаемых целей.

Разговор — это эффективный и простой способ установления связей, обмена мыслями и развития взаимопонимания между людьми. Такое взаимодействие должно приносить удовольствие и давать представление о личности и предпочтениях людей; благодаря им мы развиваем сочувствие, чувствуем, что нас понимают, и слышим друг друга, создавая незабываемые впечатления и устойчивый рост на протяжении всей нашей жизни.

Однако, чтобы воспользоваться этими преимуществами «разговора», вы должны достичь момента, когда люди захотят общаться с вами — это означает, что вы можете без усилий удерживать внимание, командовать комнатой и блистать в социальных или профессиональных ситуациях.

Являются ли эти способности врожденными или их можно развить посредством специального обучения и практики?

Вот внутренняя информация: вы можете развивать эти способности, позиционируя себя как интересная, культурная и знающая личность.

Каждый человек жаждет быть интересным; это неоспоримая истина. Даже тот, кому неудобно находиться в авангарде, все равно захочет казаться интересным и не называться занудой! Интересность приводит к влиянию и возможностям; Поняв, что делает интересного человека интересным, вы сами сможете стать им и стать влиятельным в своем кругу влияния.

Как вы можете это сделать?

Начните с инклюзивности. Не пытайтесь быть «крутым», пренебрегая другими — это только еще больше подорвет ваш авторитет. Поддерживайте людей, а не унижайте их: это производит лучшее впечатление!

Если вы видите на вечеринке или в баре кого-то, держащего в руках напиток и ищущего собеседника, не игнорируйте его; попытайтесь начать разговор, чтобы они почувствовали, что их видят и принимают участие. Возможно, упомяните о них что-нибудь, что вы узнали во время одного из прошлых разговоров; это покажет им, что вы слушали и во время разговора с этим человеком. Зарекомендуйте себя как хороший слушатель, чтобы они воспринимали вас как интригующего человека.

Быть в центре внимания приятно, но важно также быть скромным. Исследования показывают, что людям нравится проводить время с теми, кто проявляет смирение. Поскольку этот термин может значительно варьироваться в зависимости от контекста, давайте использовать в качестве нашего определения: уважение мнений и точек зрения других как проявление скромности – это покажет кому-то, что он важен!

Будьте осторожны и не путайте смирение с отсутствием самоуважения или напористости; скромность не требует самоуничижительного поведения, которое заставляет кого-то чувствовать себя особенным. Будьте скромными, признавая свои способности и то, что они могут или не могут сделать; даже что-то простое, например, сказать: «Я еще не знаю ответа, но поищу информацию и свяжусь с вами» или признание: «Я незнаком с этой темой; можете ли вы рассказать мне больше?» может проявить смирение.

Не бойтесь показать, что у вас открытый разум новичка! Еще одна эффективная стратегия продвижения разговора — искренняя щедрость, поскольку она вызывает психологическую реакцию взаимности со стороны других. Мы не имеем в виду материалистические жесты, такие как покупка подарков или еды; просто ведите открытый разговор, свободно говорите комплименты или спрашивайте кого-нибудь, как он себя чувствует, не спрашивая просто из формальности!

Щедро тратя свое время и внимание, вы обнаружите, что другие начинают больше интересоваться вами. Им будет приятно знать, что вы здесь не только для того, чтобы получить материальную выгоду от их присутствия.

Будьте щедры, сказав «да». Если вы обладаете конкретным опытом или знаниями в области, волнующей других, используйте их свободно, не задумываясь о том, что вы получите взамен.

Будучи интересным и полезным, вы сможете завоевать расположение других и установить отношения на всю жизнь. Следуя упомянутым здесь практикам разговора, вам будет легко стать темой, представляющей интерес для разговора.

Сталкивались ли вы с долгими паузами и неловкими взглядами, которые делали разговор некомфортным?

Каждый в какой-то момент будет испытывать длинные паузы и неловкие взгляды во время разговора, что доставляет нам дискомфорт, и тогда мы осознаем важность продолжения диалога; также известный как удержание людей в обсуждениях.

Вот как вы можете это сделать: найдите общий интерес. Люди сильно различаются по интересам и приоритетам; Поиск чего-то общего помогает навести мосты между вами. Как только вы обнаружите что-то похожее между двумя людьми, запишите все, что вам в этом интересно (в качестве начала разговора). Просмотрите этот список несколько раз, чтобы он легко запомнился вам, когда в этой области возникнут темы для разговора, а затем возвращайтесь к нему, когда это необходимо! Кроме того, запишите начало разговора на темы, актуальные для вас обоих, чтобы обсуждению никогда не было конца!

Интересные темы включают футбол, новейшие гаджеты, представленные на рынке, просмотр фильма или чтение книги, которая вам понравилась, или комментарии Дональда Трампа, которые заставили вас громко рассмеяться.

Не стесняйтесь задавать открытые вопросы, если у вас нет слов: открытый вопрос требует большего, чем просто ответ «да/нет», и обязательно вызовет разговор между участвующими сторонами.

Примеры тем могут включать: Концерт: мои мысли.

Какая сцена из фильма вам понравилась больше всего и гулять в одиночку или в группе?

Эти вопросы побуждают людей больше рассказывать о себе. Устраняя неловкое молчание между разговорами, эти типы вопросов позволяют легче вести диалог между вами и другим человеком.

Задавая такого рода вопросы, вы показываете кому-то, что вам небезразличны его мнения и эмоции. Это укрепляет отношения, поддерживая диалог между вами и ним. Они оценят ваши усилия по его поддержанию!

Установите эмоциональные связи

Разговоры не следует рассматривать просто как слова: они служат для построения эмоциональных связей между людьми. Хотя вы можете вести весь диалог, не делясь значимой информацией, это помогает установить значимые связи и дает представление о личности другого человека изнутри.

Бля! Если ничего не помогает, не стесняйтесь говорить! Разговор часто может стать трудным, потому что мы боимся, что наши слова могут показаться скучными другим; поэтому наши мысли и слова остаются скрытыми до тех пор, пока наши страхи быть осужденными не проявятся в словах или действиях. Но зачастую этот страх возникает не более чем из воображения!

В следующий раз, когда вы окажетесь в такой ситуации, высказывайте свое мнение свободно (при условии, что оно не содержит расистских или сексуально оскорбительных материалов). Вы можете быть удивлены, узнав, что люди не так ограничены, как вы себе представляли!

Ваши усилия по продолжению разговора увенчаются успехом только в том случае, если оба участника заинтересованы в нем и готовы полностью участвовать в нем. Если они проявляют признаки незаинтересованности или вообще отказываются вносить свой вклад, воспринимайте это как показатель того, что этому следует немедленно положить конец.

Независимо от ваших интересов и целей. Невозможно отрицать, что личные отношения являются ключом к личному и профессиональному успеху, независимо от интересов, личных целей или профессии. Тем не менее, вы, возможно, заметили, что некоторые люди, кажется, способны легко общаться со всеми, кого они встречают, в то время как другим трудно даже вести здоровый разговор, не говоря уже о том, чтобы развивать с ними значимые отношения.

Вот как вы можете привлечь внимание красивых девушек в баре, руководителя отдела на ежегодном мероприятии или вашего ближайшего соседа, подписав петицию о том, чтобы сделать район безопасным.

Так как же развить этот навык?

Прежде всего, помните, что люди лучше реагируют на искренних людей. Установление и поддержание связей начинается с искренних намерений; любая попытка поверхностного взаимодействия продлится недолго. Разговоры с людьми только ради рекламных акций или бесплатных билетов не помогут — если вы действительно заботитесь о людях, они со временем могут стать настоящими друзьями.

Во-вторых, продемонстрируйте свою готовность уделить время и внимание тому, кого вы пытаетесь связать. Иногда из-за ограниченности ресурсов мы не можем осыпать людей подарками или материалистическими проявлениями привязанности; Предоставление кому-то искреннего времени на изучение его предпочтений и симпатий — не менее эффективный жест, демонстрирующий, что он важен.

Если вам трудно узнать о них больше с помощью независимых исследований, общение с их знакомыми может вам очень помочь. Люди склонны подражать нашим привычкам и хобби, поэтому, узнав более близко людей, которые им нравятся, вы также можете получить некоторое представление о них.

Установление связей также может иметь неоценимое значение в профессиональной среде; многие вакансии заполняются благодаря рекомендациям и связям с общественностью; таким образом, создавая отношения, вы открываете себя для безграничных возможностей.

Когда кто-то рекомендует вас на работу, его рекомендация может служить подтверждением вашего доверия, что облегчает получение этой работы. Не стоит недооценивать построение отношений с коллегами только потому, что вы проводите вместе ограниченное время; больше людей в вашем кругу общения – больше возможностей в жизни!

После того, как вы установили связь, следующим шагом должно стать ее укрепление и поддержание. К сожалению, как только кто-то исчезает из поля зрения, он часто выпадает из памяти людей; Чтобы убедиться, что вы остаетесь незабываемым, самый простой способ - это небольшие жесты, такие как отправка рождественских открыток, сообщений о днях рождения через текстовые сообщения или любимая книга с личной заметкой - вы можете быть удивлены, насколько люди будут рады этим напоминаниям, которые показывают, что они важны! Мы все жаждем, чтобы нас помнили; покажите кому-то, что он важен, показав, что ваши отношения ценят его! Вы можете просто создать связи на всю жизнь!

Все, что нужно, чтобы завоевать расположение людей, — это показать, что вы их понимаете и цените; тогда вы добьетесь их лояльности.

Глава 17: Эмоциональный интеллект для успеха

В эпоху цифровых технологий нам стало проще, чем когда-либо, автоматизировать задачи и использовать машины для управления нашей рабочей нагрузкой, однако чем больше технологий мы полагаемся, тем дальше от переживания эмоций, связанных с выполнением задачи или преодолением трудностей для завершения нашей работы. чувствуется.

Здесь в игру вступает эмоциональный интеллект; это относится к вашей способности распознавать как свои собственные эмоции, так и эмоции окружающих, в том числе то, как они влияют на других, а также на их мысли и поведение. Более глубоко понимая человеческие чувства, эмоционально умным людям легче общаться с другими людьми, проявляя при этом больше сострадания и понимания по отношению к тем, с кем они сталкиваются; это качество во многом способствует их профессиональному и личному успеху.

Люди часто путают эмоциональный интеллект и коэффициент интеллекта (IQ), поскольку оба они представляют разные формы интеллекта. Основное различие заключается в том, как каждый из них измеряется и представляется.

IQ измеряет умственный интеллект с помощью стандартизированных тестов и напрямую связан с умственными способностями; например, способность понимать информацию и применять ее при решении проблем. Люди с более высоким IQ умеют быстро устанавливать умственные связи и быстро воплощать в жизнь абстрактные идеи. Эмоциональный интеллект означает, как человек использует эмоции, чтобы осмыслить ситуации; те, кто находится на более высоком конце этой шкалы, как правило, являются эмоционально стабильными людьми, способными хорошо управлять своими чувствами и эффективно справляться с теми, кто переживает трудные фазы.

Еще одно различие между этими двумя формами интеллекта заключается в том, что IQ — это то, что вы наследуете при рождении, а эмоциональный интеллект развивается на основе опыта, полученного в ходе вашего воспитания и окружения. Вы можете работать над тем, чтобы стать эмоционально умным, будучи взрослым, развивая сильные навыки общения с людьми.

Вот как вы можете это сделать:

* Будьте внимательны к своей реакции. Не спешите с суждениями, пока полностью не поймете все аспекты ситуации, вместо этого попробуйте взглянуть на вещи с точки зрения других и сохраняйте непредвзятость, не поддаваясь стереотипам или предубеждениям. Принимая точки зрения других и принимая их мнения, вы укрепляете их доверие.

* Оцените себя. Знаете ли вы о своих слабостях? Можете ли вы признать, что необходимо работать над некоторыми сторонами себя, чтобы стать лучше? Честно и вдумчиво взгляните на себя и будьте достаточно смелы, чтобы изменить те части,

которые препятствуют росту – это может изменить вашу жизнь! * Взгляните на себя честно и вдумчиво! Честность может изменить жизнь!

 * Оцените, как вы реагируете в стрессовых ситуациях. Как вы справляетесь с разочарованиями, когда дела идут не так, как ожидалось, например, когда что-то не получается? Вместо этого вы набрасываетесь или обвиняете других? Умение спокойно справляться с разочарованиями чрезвычайно ценно как в профессиональной, так и в личной жизни: оно не позволяет эмоциональным вспышкам привести к поспешным решениям или действиям, о которых вы можете впоследствии пожалеть.

 * Не ищите подтверждения своих достижений. Смирение может быть бесценным эмоциональным инструментом; Практикуя это, вы покажете другим, что вы признаете свои сильные стороны и достижения, и вам не нужно хвастаться ими перед другими. Вместо этого сосредоточьтесь на достижениях других, чтобы вдохновить себя! Вы можете просто увидеть, что их достижения передаются вам.

 * Возьмите на себя ответственность за свои действия. Если вы обидели другого человека, извинитесь или попытайтесь немедленно разрешить ситуацию, если это необходимо. Не игнорируйте их чувства и не заставляйте их поверить, что им никоим образом не следовало причинять боль; Демонстрируя усилия по честному исправлению ситуации и возмещению ущерба, вы демонстрируете этому человеку, что вы его цените и что будет сделано все возможное для поддержания отношений между вами обоими.

 * Помните о последствиях своих действий. Прежде чем предпринимать какие-либо действия, всегда принимайте во внимание, как это повлияет на участников ситуации и их реакцию на то, что вы предлагаете сделать. Не повредит ли это им или еще больше усугубит их положение? Если это так, вообще избегайте этого; но если по какой-то причине этого нельзя избежать, обязательно сначала обсудите это решение с ними и постарайтесь найти способы минимизировать его неблагоприятные последствия.

 Эмоциональный интеллект является ключом к чтению и пониманию людей. Это позволяет вам формировать прочные связи с людьми, что в конечном итоге приводит к успеху во всех аспектах вашей жизни.

Глава 18: Создание идеальной среды для вашего партнера

Когда ваш партнер приходит домой после тяжелого рабочего дня, думает ли он про себя: «Наконец-то! Теперь я могу расслабиться!» или вместо этого они думают: «Вот оно снова!» Если вы хотите успешного брака или отношений, в идеале вам бы хотелось, чтобы они подумали первую фразу: даже если возвращаться домой в безупречный дом может быть приятно, важнее то, чтобы они чувствовали себя непринужденно в среде, в которой им нравится находиться, и чувствовать себя желанным гостем и желанным гостем с вашей стороны так же, как и сам фактор чистоты.

Что делать, если у вас был трудный день? Улыбаться и стараться вести себя вежливо, как с незнакомцами на встрече, или выплеснуть на них все свои эмоциональные обрывки? Странно, что самые близкие люди часто видят нашу худшую сторону. Кто-то может возразить, что, не будучи «настоящими» друг с другом в наших домах и отношениях, кому еще мы могли бы открыться? Но сможете ли вы справиться с их частым раздражением и суетой?

Поэтому очень важно не создавать среду, в которой вы сами не сможете жить. Конечно, у каждого бывают моменты, когда тревога, гнев или стресс берут верх. Однако постарайтесь ограничить подобные инциденты, чтобы ваш партнер не вернулся домой с негативом. Если вам кажется, что с этими эмоциями трудно справиться в одиночку, поговорите о поддержке с друзьями или терапевтами; только когда ваше психическое здоровье стабильно, вы сможете создать оптимальную атмосферу для вас обоих.

Чтобы привлечь партнера, необходимо не учитывать технологии при разговоре с ним; сосредоточьте все свое внимание, не прокручивая одновременно ленту Twitter; послушать, как прошел их день, и рассказать, что вы за него сделали; если ваш дом достаточно большой, держите ноутбуки или компьютеры вне поля зрения, чтобы уменьшить соблазн слишком часто проверять его; Расхламление позволит часто встречаться вместо одного свидания каждую неделю.

Кроме того, внешние воздействия могут помочь создать идеальную атмосферу. Например, убедитесь, что и вы, и ваш дом приятно пахнете, когда приходит ваш партнер — это мгновенно освежит его умственно и заставит почувствовать себя ближе. Зажгите ароматические свечи и включите легкую музыку, чтобы создать романтическую и уютную атмосферу; ваш спутник обязательно захочет остаться с вами подольше!

Ваш дом должен быть оазисом комфорта и покоя — если вы сможете помочь построить его вместе со своим партнером, это будет иметь большое значение для успешного партнерства.

Признание своих зон комфорта и приспособление к ним

Ваши отношения включают в себя спортивные штаны, пердеж в постели и крик партнера: «Детка, этот прыщ может занять все твое лицо!»? Если это описывает динамику между вами и вашим партнером, то вы успешно установили приятную связь, которая рассчитана на длительный срок.

В какой-то момент ваших отношений вы можете столкнуться с ситуациями, в которых деятельность или социальная ситуация, в которой вы хотели участвовать, выходили за пределы зоны комфорта вашего партнера. Чтобы сохранить мир в отношениях и избежать разногласий, важно, чтобы оба партнера понимали, где заканчивается их уровень комфорта и как далеко вы можете подтолкнуть их к тому, чтобы выйти из него.

Если вы экстраверт, а ваш партнер — интроверт, возможно, им не понравится посещать столько вечеринок и мероприятий на свежем воздухе, как вам. Поэтому необходимо найти приемлемый компромисс, при котором ни один из партнеров не чувствует себя стесненным из-за того, что слишком долго остается дома; и где ни один из них не чувствует себя переоцененным из-за постоянного социального взаимодействия, это ключ к совместному обретению счастья.

Чтобы учесть их предпочтения, начните с понимания их настроения — например, когда им хочется выйти на улицу, а не когда они хотят проводить больше времени дома с Netflix и книгами. Также постарайтесь не выходить из дома несколько дней подряд и позвольте их запасам энергии восстановиться, прежде чем снова выходить на улицу. Эти небольшие изменения в вашем отношении покажут им, что вы заботитесь об их предпочтениях, и одновременно побудят их выйти за пределы своей зоны комфорта, чтобы приспособиться и к вам!

Исследования показали, что, когда пары чувствуют себя комфортно в своих дружеских отношениях, шансы на то, что они продлятся дольше, значительно возрастают. И наоборот, достижение уровня комфорта означает меньше волнений или новых впечатлений, которые нужно исследовать, и рискует со временем устареть. Итак, как вы можете сбалансировать уровень комфорта обоих партнеров, сохраняя при этом романтику?

Попробуйте время от времени удивлять друг друга – не чем-то таким масштабным, как покупка новой машины, не посоветовавшись предварительно со своим партнером – вместо этого сосредоточьтесь на более мелких, значимых жестах, таких как предоставление любимой еды по возвращении с работы, ношение самого сексуального нижнего белья перед сном или планируйте свидания-сюрпризы, чтобы показать своей любви, насколько вы заботливы. Эти небольшие сюрпризы добавят элемент неожиданности, не выходя слишком далеко за пределы зоны комфорта.

Пары, которым становится слишком комфортно, могут легко попасть в зону молчания, ожидая, что их партнер сможет прочитать их, и им самим ничего не придется говорить. Но реальность часто может доказать обратное!

Понимание себя может легко прийти к другим на основе шаблонов и предсказуемого поведения, но иногда они просто не могут оправдать ваши ожидания. Когда это происходит, общение и высказывание своих чувств становятся первостепенными; не подавляйте чувства, когда они возникают; Вместо этого выражайте их открыто! Если что-то причинило вам глубокую или эмоциональную боль, если им нужно, чтобы кто-то сидел с ними или держал их за руку, просто дайте им знать! Душевное общение всегда является самым эффективным способом общения с самыми близкими нам людьми.

Если вашему партнеру неудобно выражать свои эмоции, приспособьтесь к нему, выучив его невербальные сигналы, и не заставляйте его слишком сильно выражать себя. Со временем вы заметите, что они ценят то, что вы позволяете им оставаться в зоне комфорта.

Зона комфорта вашего партнера — это пространство, где он позволяет вам по-настоящему увидеть его таким, какой он есть на самом деле, — как его сильные стороны, так и его недостатки. Научившись оставаться с ними в этой зоне, вы легче раскроете их личность и научитесь легче ее интерпретировать.

Быть уязвимым

На протяжении всей этой книги мы много говорили об уязвимости, и стоит повторить, что эмоциональное воздействие дает вам силы открыться переживаниям и любви. Многие боятся показать свою уязвимость, потому что думают, что это выставит их слабыми – это просто неправда! Вот почему.

Делясь своим истинным «я» с самыми близкими вам людьми, вы демонстрируете свою смелость, когда вас видят такими, какие вы есть на самом деле, и такими, какие вы есть на самом деле, создавая чувство принадлежности, любви и подлинности в отношениях, которые наиболее важны.

Мужественный шаг вперед и готовность быть уязвимым дает много эмоциональных преимуществ. Ставя себя в ситуации, которые делают вас уязвимыми, например, ставя себя в ситуации, которые проверяют ваш характер и проверяют, насколько вы способны управлять сложными сценариями, - укрепляете уверенность в себе и одновременно укрепляете устойчивость к препятствиям на этом пути.

Демонстрация уязвимости по отношению к друзьям, партнерам и родителям может способствовать развитию сочувствия. Это позволит им увидеть ваши слабые места, которые вы склонны скрывать от других, - сказав им, что они значат больше, чем все остальные, открыв им эту сторону.

Помимо улучшения отношений с другими, эмпатия также укрепляет вашу связь с самим собой. Принимая нежелательные или слабые аспекты себя и принимая их как часть себя, эмпатия увеличивает самопринятие и, таким образом, способствует общему благополучию.

Ниже приведены несколько советов, которые помогут вам стать уязвимыми: * Будьте готовы пойти на риск, который может привести к отказу. Честно говорите о том, чего вы хотите от отношений, в частности о своих ожиданиях и границах, а также о личных темах, которые вы обычно ни с кем не обсуждаете, например о личных вопросах, которые возникают в разговоре и обсуждении прошлых ошибок, допущенных в отношениях.

* Обсудите инциденты, которые вызывают чувство страха, стыда или горя.

До сих пор мы исследовали лишь несколько способов, с помощью которых принятие уязвимости помогает человеку расти; это открывает двери для перемен, обеспечивая при этом гибкость.

Перемены могут быть пугающими для многих, потому что они предполагают выход из зоны комфорта и путешествие на неизведанную территорию. Поэтому этот процесс требует обширной работы: первым шагом является умение быть уязвимым. Представьте, что вы пытаетесь избавиться от такой неопределимой вредной привычки, как чрезмерное переедание, которая негативно влияет на ваше здоровье, внешний вид и бюджет. Однако для того, чтобы сделать это успешно, вы сначала должны определить его основную причину; что вообще движет тобой к еде? Вы едите, чтобы избежать эмоций, стресса или беспокойства или от скуки? Чтобы преодолеть пристрастие к еде, необходимо честно взглянуть на себя — признание того, что ваши темные привычки не изменятся в одночасье, точно так же, как не могут измениться их чувства.

Изменения требуют честного, непредвзятого самоанализа – и уязвимость – это путь ко всему этому!

Уязвимость может открыть вам новые перспективы. Ключ к принятию разнообразных точек зрения и идей заключается в признании того, что ваш жизненный опыт не был всепоглощающим; временный отказ от убеждений и ценностей в пользу других точек зрения может оказаться сложной задачей; тем не менее, уязвимость помогает вам увидеть нечто большее, чем вы сами, поскольку вы начинаете осознавать, что есть люди, живущие за пределами ваших желаний и потребностей, а также одинаково принимать все точки зрения, чтобы сформировать значимые связи с этими людьми, живущими там.

Есть старая поговорка: все, что вы отдаете в мир, возвращается к вам в той или иной форме. Это в равной степени применимо и к отношениям или связям: то, что вы приносите, отразится на вас тем же образом; например, любовь, сочувствие, терпимость и терпение принесут дивиденды в виде прочных и значимых связей, и наоборот.

Теперь, когда вы понимаете, как работают люди, пришло время применить все эти знания на практике! В этом разделе мы применим все ваши знания с пользой — расшифровка даже самых тщательно хранимых секретов может оказаться сложной задачей; здесь мы исследуем, что выдает людей, быстро выявляем ложь и преодолеваем любые барьеры, которые люди часто устанавливают против себя.

Цель чтения — обращать внимание на мелкие детали и наблюдения, которые часто ускользают незамеченными. Как опытный читатель, вы не можете позволить, чтобы даже небольшие различия, такие как щелканье носом или подергивание ногтей, остались незамеченными; поэтому цель этого раздела — научить вас определять эти микродетали, которые помогают проводить точные оценки.

Вы когда-нибудь замечали, как выглядит человек, когда он лжет? К сожалению, однозначного ответа не существует, поскольку каждый человек демонстрирует разные признаки лжи. Язык тела, выражение лица, выбор слов и привычки могут выдать, лжет ли человек. Вербальные и невербальные сигналы, подобные этим, могут помочь отличить ложь от правды, хотя вы можете не узнать сам термин «базовый уровень»!

Анализ людей дает вам возможность оценить их правдивость. Предоставляя объективную меру, с помощью которой можно сравнивать и судить, является ли их поведение нехарактерным или просто свидетельствует о том, что они действуют нормально.

Итак, как же определить базовое поведение? Вот три простых шага, которые помогут вам сделать это!

Шаг 1: Начните с рукопожатия.

Как говорится, первое впечатление длится долго, и у вас есть только один шанс сделать первое впечатляющее заявление о ком-то. Также считайте, что это идеальный момент для оценки действий человека, поскольку большинство из них наиболее позитивны во время первой встречи.

Продавцы и интервьюеры прекрасно владеют этим навыком, часто создавая благоприятное первое впечатление у клиентов или потенциальных сотрудников уже после одного рукопожатия. Их секрет? Обращайте пристальное внимание на взгляд, качество голоса и позу при приветствии новичков рукопожатием.

Независимо от того, находитесь ли вы в социальной или профессиональной ситуации, отслеживание социальных сигналов людей и ведение мысленных заметок позволит вам быстрее их оценить. Даже если иногда это может показаться навязчивым, знайте, что все эти данные все равно подсознательно приходят нам в голову; прилагая сознательные усилия, чтобы запомнить его присутствие, мы можем быстро установить связи с точки зрения поведения.

Пожимая кому-то руку, обратите внимание на то, как он ведет светскую беседу, шутит и отвечает на личные вопросы в естественной обстановке. Эта информация может помочь установить базовый уровень.

Шаг 2. Стимулируйте различные реакции, задавая вопросы.

Ключом к созданию точного базового уровня является сбор нормальных реакций человека в различных ситуациях. Как он реагирует, когда он счастлив, грустен или скучен, это всего лишь примеры. Хотя это может быть сложно в повседневных ситуациях, таких как похороны, хотя иногда задают конкретные вопросы, чтобы оценить реакцию. могли бы дать представление о них более подробно.

Выказывают ли Дэвид или Джейн признаки дискомфорта, когда вы говорите им «нет»? Кевин поднимает брови, разговаривая с Тейлором?

Ваша реакция в не угрожающих обстоятельствах станет основой того, как этот человек будет реагировать в более опасных сценариях.

Движение глаз можно использовать как индикатор отклонения от нормального поведения. По данным исследователей со всего мира, те, кто занимается нечестной деятельностью, обычно поддерживают зрительный контакт во время разговора, хотя их манера поведения отличается от обычных условий - например, во время разговора они могут смотреть вниз или смотреть в другое место; или сначала демонстрируйте постоянный зрительный контакт, но затем переключайтесь после того, как вызывающие вопросы или стрессовые факторы заставляют его внезапно измениться; Аналогичным образом, мигание медленнее или быстрее, чем обычно, также может сигнализировать о том, что происходит что-то подозрительное.

Другие аспекты, на которые следует обратить внимание при проведении базовых тестов, включают позы сидя и стоя, скорость и тон голоса, стиль смеха, нервные тики, жесты рук и выражения волнения и удивления. Чего многие не осознают, так это того, что их лицо часто выдает истинные эмоции с помощью микровыражений, таких как короткие трещины в улыбке или подъем бровей, которые происходят всего на миллисекунды, но точно показывают, что человек на самом деле чувствует - в отличие от языка тела, которым можно частично управлять посредством осознания. этого.

Профессионалы сходятся во мнении, что эмоции, проявляемые во время мимики, не всегда указывают на вину; иногда они просто не хотят выражать то, что у них на уме. Когда у кого-то проявляются эти симптомы, углубитесь в исследование, задав конкретные вопросы о том, почему он так себя чувствует.

Шаг 3: Запишите в уме исходное поведение.
Последний ключ к решению этой головоломки заключается в запоминании всего, что вы наблюдаете мысленно. При необходимости запишите их поведение вместе с любой дополнительной информацией, такой как супруг, профессия или адрес родного города, особенно если у вас слабая память! Предоставление этой дополнительной информации может помочь быстрее соединить точки и легче вспомнить другие детали; только не записывайте все, дайте мозгу запомнить!

Глава 20: Сформулируйте подходящие вопросы

Вы когда-нибудь посещали вечеринку, где, рассказывая группе людей увлекательную историю с работы, все, что было слышно в ответ, было: «О да! Отлично. Они подают креветки?» и ваша энергия быстро рассеялась, когда вы быстро завершили свой рассказ, не чувствуя удовлетворения от того, как все обернулось?

Произошло следующее: кто-то слушал лишь наполовину и задал не относящийся к делу вопрос, который убил и ваш диалог, и настроение. Чтобы разговор протекал гладко, будьте внимательны и задавайте соответствующие вопросы — это заставит их говорить более свободно и, в конечном итоге, позволит вам глубже понять их, что в свою очередь поможет вам лучше их читать. Это как эффект домино!

Приглашение — один из основных инструментов общения; он сообщает присутствующим, что настала их очередь говорить, и предлагает предложения по темам, которые они могли бы изучить.

Пример: вопрос: «Какую последнюю книгу вы прочитали?» открывает приглашение к разговору по той конкретной теме, которую вы затронули в своем вопросе.

Эти приглашения служат важной подстраховкой, когда разговор отклоняется от намеченного пути. Если вам сложно придумать темы для разговора, попробуйте добавить к этому приглашение, особенно если оно касается чего-то, что вы обсуждали ранее! В противном случае не будет никакого вреда инициировать новые темы.

Приглашения могут принимать форму вопросов или утверждений. При использовании приглашений на основе вопросов обязательно сохраняйте открытость и понятность языка для получения максимального ответа.

Эти открытые вопросы позволяют человеку перед вами более подробно рассказать, а не давать короткие ответы. Например, спрашивая: «Удачная поездка?» скорее всего, приведет к ответу «да» или «нет». Напротив, вопрос «Как прошла поездка?» вы можете получить более подробные ответы, которые покажут другому человеку, что вы ему небезразличны, и побудят его поделиться с вами более подробной информацией о своей поездке.

Проявляя интерес к знакомству с другим, вы демонстрируете свое. Это создает укрепляющую связь между вами и этим человеком и позволяет ему больше открыться.

Подобно тому, как вы задаете проницательные вопросы, задавая им проницательные вопросы, вы показываете свой интерес. Следуя классическому правилу «покажи, а не говори», задавая проницательные вопросы, ты показываешь людям, что ты им небезразличен, но остерегайся быть любопытным!

Далее следует наша задача — задавать хорошие и проницательные вопросы. Последнее не даст вам большого понимания их истинной сущности, поскольку даже они не поймут, почему вы заинтересованы. Они могут подумать, что вы больше заботитесь о погоде, чем они! Точно так же, задавая интимные вопросы, такие как «Каково ваше самое глубокое и темное желание?», вы можете вызвать у них дискомфорт и желание убежать от вас как можно быстрее.

Начните с малого и интуитивного. По мере развития ваших вопросов постепенно задавайте более интимные, учитывая уровень комфорта другого человека. Если в какой-то момент они покажутся обеспокоенными вашими вопросами или проявят признаки дискомфорта, остановитесь. Вместо этого вернитесь к менее навязчивым вопросам, пока не получите разрешение продолжить исследование глубже.

Однако прежде чем углубляться в чью-либо личность, следует учитывать два важных соображения.

Прежде всего, переход отношений из формальных в интимные не происходит в одночасье; скорее, это постепенный процесс, который требует нескольких разговоров с течением времени. Поначалу разговоры могут вращаться вокруг поверхностных тем, таких как семья и хобби; со временем они могут расшириться до личных обсуждений, таких как прошлые отношения или детские травмы.

Напоминайте себе, что каждый разговор дает возможность наладить взаимопонимание и лучше понять человека. Со временем они могут почувствовать себя более непринужденно, делясь личной информацией о себе.

Во-вторых, установите доверие. Если вы попросите кого-то раскрыть интимные подробности своей жизни, будьте готовы сделать то же самое в ответ. Если вы поделитесь подробностями о себе, между вами двумя откроется канал доверия, который поможет укрепить уверенность в любых отношениях.

Пригласительные вопросы отлично подходят для начала диалога, но сами по себе они не справятся с этой задачей. Поэтому используйте последующие запросы, чтобы расширить диалог.

Проще говоря, задавая кому-то вопросы типа: «Как вы к этому относитесь?» или «Почему ты это сказал?» проявляет искренний интерес к их истории или сообщению и дает им подтверждение того, что их мысли кем-то ценятся. Это также дает вам возможность продемонстрировать свою ценность, внимательно слушая разговоры, которые в противном случае могли бы показаться вам слишком неудобными или скучными.

В следующий раз, когда кто-то будет говорить расплывчато, вместо того, чтобы просто кивать и быстро двигаться дальше, спросите его: «Что вы этим имели в виду?» Чтобы расширить и сделать разговор более содержательным, вот несколько дополнительных идей:

* Чем ты занимаешься сейчас, твоя сестра/брат/супруга? * Как прошел ваш день и что было самым интересным? * Почему вы сделали такое глубокомысленное замечание? * Не могли бы вы уточнить и помочь мне понять это дальше?

* Верите ли вы, что ваши мысли изменятся по этому вопросу и в конечном итоге изменят свое мнение по этому поводу?

Прежде чем отвечать на каждый вопрос, дайте собеседнику время и пространство для ответа, не прерывая его во время ответа. Умение слушать – это ключ к лучшему узнаванию человека!

Эйнштейн, как известно, советовал «Все подвергать сомнению». Задавая проницательные вопросы тем, с кем мы общаемся, мы помогаем наладить эффективное взаимодействие, построить доверительные отношения и сформировать значимые связи.

Глава 21: Быстрый путь к мастерству в обнаружении лжи

Как часто вы думали: «С меня достаточно. Они всегда лгут!»? Будь то неудачные отношения или обещание продвижения по службе сбилось с толку, ложь всегда разочаровывает и может заставить нас сомневаться в своих суждениях и доверять людям, которым мы когда-то доверяли все меньше и меньше. А что, если есть выход? Эта глава предоставит вам инструменты, которые помогут вам стать вашим собственным человеческим детектором лжи, чтобы вы могли быстро распознавать любые подозрительные признаки и научиться доверять только надежным людям.

По правде говоря, большинство людей иногда лгут. Иногда это может быть просто маленькая белая ложь вроде: «Нет, дорогая, это платье не полнит тебя!» но в других случаях ложь может быть более очевидной, например: «Моя мама болела, поэтому я сегодня опоздал» или откровенно обманчивой, например: «У меня нет романа; у меня была еще одна ночь на работе».

Однако большинство людей плохо распознают ложь, что приводит их к обману. Исследование, проведенное с целью изучения этой области, показало, что только 54% участников смогли правильно обнаружить ложь.[16]

Различия в поведении между людьми, которые лгут, и теми, кто говорит правду, может быть трудно оценить, поскольку не существует явных контрольных признаков, которые позволили бы идентифицировать ту или иную группу; однако тонкие индикаторы могут помочь отличить одно от другого. Как упоминалось ранее в другой главе, отклонения от базового поведения являются еще одним индикатором лжи.

Однако важно понимать, что обнаружение лжи во многом зависит от доверия своей интуиции. Зная, на какие признаки следует обращать внимание, и научившись интерпретировать их с помощью своих знаний и инстинктов, обнаружение лжи станет для вас намного проще.

Психологи и исследователи из различных отраслей провели обширные исследования обмана и языка тела, чтобы помочь сотрудникам правоохранительных органов быстрее и точнее выявлять мошенников и лжецов. Результат этого исследования выявил несколько потенциальных красных флажков, которые могут указывать на обман:

* Намеренно расплывчато, добровольно сообщая минимальные детали; Невозможность сообщить подробности о каком-либо событии или инциденте.

Повторение предложений или вопросов при ответе на конкретные вопросы; Разговор фрагментами предложений.

* Демонстрация ухаживающего поведения, например прижатие пальцев к губам или манипулирование прядями волос.

Как и во всем остальном, практика также способствует совершенству в обнаружении лжи. Чтение исследований и познаний может помочь вам только до определенного момента; Чтобы по-настоящему освоить обнаружение лжи, необходимо уделять пристальное внимание и быть на 100% осведомленным.

Таким образом, теперь мы обращаем внимание на индикаторы или признаки, на которые следует обратить внимание, пытаясь обнаружить самозванца.

Прежде всего, знайте, на какие сигналы следует обратить внимание. Хотя люди полагаются на достоверные сигналы для обнаружения лжи, их надежность как индикаторов лжи может быть ограничена. Некоторые распространенные признаки обмана, которые наблюдают люди, включают:

* Демонстрация безразличия: Когда кто-то пытается оставаться эмоционально нейтральным, подавляя выражение лица и не показывая никаких подсказок, он может продемонстрировать отсутствие выражения, принять бесстрастную позу или пожать плечами, чтобы не разглашать слишком много информации.

* Бессвязность голоса: если говорящий кажется неуверенным в себе и начинает бормотать или заикаться во время разговора, это может быть связано с тем, что его мозг не может думать достаточно быстро, чтобы скрыть свою ложь.

* Чрезмерное размышление: Когда кажется, что кто-то намерен исказить правду, результатом часто может стать чрезмерное размышление. При правильном знании того, на какие признаки следует обращать внимание, и способности эффективно использовать суждения в любой конкретной ситуации, понимание может стать намного проще.

Во-вторых, не полагайтесь исключительно на язык тела. Большинство книг и блогов о детектировании лжи призывают сосредоточиться исключительно на языке тела – тонких изменениях в поведении и физических признаках, которые показывают, кто нечестен, – чтобы поймать обманщиков. Однако исследования теперь показывают, что сигналы языка тела могут помочь обнаружить ложь, но не всегда являются надежными индикаторами обмана.

Говард Эрлихман, психолог-исследователь, обнаружил, что изменения в движениях глаз не всегда указывают на ложь; они могут быть вызваны просто извлечением информации из долговременной памяти или слишком усердным размышлением.[17]

На основе этих и других исследований можно сделать вывод, что язык тела, хотя зачастую и точный, не всегда может быть лучшим индикатором лжи. Знание кого-то и его моделей поведения дает преимущество в отличии лжи от базовых моделей поведения.

В-третьих, попросите их рассказать свою историю – задом наперед! Теория, лежащая в основе этого упражнения, заключается в том, что невербальные и вербальные сигналы, которые отличают правду от лжи, становятся более заметными, когда увеличивается когнитивная нагрузка. Это потому, что ложь — это изнурительный процесс по сравнению с рассказом правды. Именно поэтому люди говорят: «Если вы говорите правду, вы не обязательно запоминать все его детали».

Умышленная ложь представляет собой более сложную для когнитивной деятельности деятельность; тем, кто в них участвует, требуются большие умственные ресурсы, чтобы скрыть любые подсказки, которые могут выдать их ложь, и следить как за своим поведением, так и за поведением слушателей. Установление доверия и убеждение других в своей истории требует усилий, но в сочетании с требованием рассказать ее задом наперед, вы можете начать замечать любые трещины в их повествовании или несоответствия в поведении. Исследования подтвердили эту теорию. Если в рассказе мало деталей или он полностью выдуман, вспомните, какие детали были повторены в первый раз! Это позволит вам отличать ложь от правды.

Как уже говорилось ранее, доверяйте своим инстинктам! Как указывалось ранее, следование своей интуиции может стать вашим лучшим оружием против обнаружения лжи. Многочисленные исследования доказали, что внутренние подсознательные индикаторы более эффективны, чем сознательные стратегии в обнаружении обмана. Люди обладают интуитивными, бессознательными данными, которые помогают распознать обман, если мы обращаем на него внимание.

Хотя инстинкты могут быть очень надежными, людям часто не хватает навыков или способностей правильно их использовать, и они остаются уязвимыми для обманчивого мышления. Однако, к сожалению, сознательная мысль или реакция могут мешать автоматическим ассоциациям — вместо того, чтобы доверять своему внутреннему инстинкту, ваши сознательные мысли начинают анализировать шаблоны или стереотипные действия и в конечном итоге оттоваривают вас от полного доверия. Знание себя достаточно хорошо позволяет вам распознавать инстинктивные реакции, не придавая при этом слишком большого значения поведению, которое ведет к неуверенности в себе и заставляет вас сомневаться в том, может ли это иногда сработать!

Наконец, обратите внимание на изменение уровня их уверенности. Обратив внимание, вы увидите, что стиль потенциального обманщика меняется, когда он сталкивается с ним; большинство лжецов чувствуют себя в безопасности в своей ограниченной зоне лжи, где они чувствуют контроль; однако, если что-то противоречит их словам, это может привести к тому, что они потеряют контроль и, таким образом, значительно снизят уровень доверия.

Когда они начинают чувствовать давление, вы можете заметить, что они меняют свое повествование или дают противоречивые ответы на определенные события, становятся более беспорядочными в своих ответах и меняют то, как они их описывают. Наблюдая за подобными изменениями в поведении, вы можете обнаружить пробелы в их истории и определить их истинные намерения.

Помните, что может быть трудно определить, говорит ли кто-то перед вами правду или выдумывает; возможно, они умеют скрывать информацию, или из-за вашего доверия вам будет сложно обнаружить что-то неладное. Но признаки и индикаторы, изложенные выше, могут выдать то, что кто-то от вас что-то скрывает.

В следующий раз, когда вам понадобится оценить чью-то честность, обратите пристальное внимание на любые тонкие признаки лжи. Если необходимо, увеличьте давление, сделав для них рациональное обременение рассказывать свою историю. Придерживаясь этих правил и придерживаясь этих советов, вы сможете быстро исключить из своей жизни тех, кто ведет себя с вами нечестно.

Как узнать, что кто-то лжет, по умолчанию? Как определить, что кто-то лжет, по умолчанию? Если кто-то не лжет явно, а представляет лишь часть правды, считается ли это ложью или просто общением? Ложь по умолчанию — это хитрая тактика, используемая для того, чтобы не рассказывать обо всем, что произошло; для целей записи его следует считать ложью, поскольку он мешает получателю получить правильное понимание. Например, ребенок может сказать вам, что он положил мороженое в морозилку, а потом вышел и съел все сам; для записи это следует классифицировать как ложь, поскольку это не позволяет получателю информации видеть все стороны. Например, ребенок может сказать, что положил мороженое в морозилку, но затем не упомянуть, что вынул его позже, откуда оно вышло позже, вместо того, чтобы рассказать им полностью все факты, например, вынуть его позже и съесть позже, когда как вы спросили, насколько это возможно.

Однако их ответ не предоставил вам достаточно подробностей, если ваш вопрос был «Куда делось мороженое?»; независимо от того, насколько точной была их история.

Проблема с ложью с упущением заключается в том, что большинство людей, использующих ее, не считают ее ложью, поэтому не проявляют такой неохоты и не проявляют типичных признаков того, что кто-то говорит неправду. Чтобы полностью понять, почему кто-то лжет, нам нужно знать его мотивацию; люди могут скрывать важную информацию из-за стыда, вины или страха, но, поскольку они не хотят говорить полную ложь, следователям может быть легче докопаться до истины, если кто-то упустит важные детали в разговорах.

Ищите признаки того, что кто-то чувствует себя некомфортно при обсуждении важной темы. Они звучат неопределенно, делают слишком много перерывов, избегают зрительного контакта? Задавайте конкретные вопросы для ясности, чтобы заставить людей принимать осознанные решения о том, следует ли делиться конкретными подробностями, больше не имея возможности прятаться за «Я не лгу», что позволит вам узнать всю правду с большей готовностью, чем когда кто-то лжет свободно. без колебаний. Даже если кто-то лжет, его признаки, скорее всего, будет легче обнаружить по сравнению с человеком, который постоянно лжет, не колеблясь.

Глава 22: Овладейте искусством тонкой нарезки точно

Встречали ли вы когда-нибудь кого-то, кто сразу вызывал у вас беспокойство, но вы не могли понять, почему он показался вам неудобным? Что-то показалось неправильным в том, как они смотрели на вас, но не могли определить, что именно? Они причиняли вам дискомфорт, но вы не могли понять, почему они так выглядят? Если вам это знакомо, то решение может быть найдено в главе 22: «Как добиться точности при тонком нарезке».

«Что-то было не так». Вы обнаружите, что тщетно пытаетесь объяснить своему супругу, почему вы не выбрали именно этого стоматолога для стоматологических процедур или почему вы отклонили впечатляющее предложение о работе.

Каждый день мы сталкиваемся с разными людьми; некоторые мы едва знаем, а другие оставляют неизгладимые впечатления. Вы можете вспомнить кого-то, кого вы ненадолго встретили в парке, как теплого или доброго, в то время как другой незнакомец может показаться грубым или странным.

Все ли наши первоначальные суждения неоправданны и обусловлены нашими собственными предубеждениями? Возможно, нет! Возможно, первые впечатления имеют значение, потому что они раскрывают о ком-то что-то такое, чего наше сознание пока просто не может постичь. Эта способность делать быстрые, но точные предположения о людях известна как «тонкий срез».

Первые впечатления или суждения о чьей-то личности не возникают случайно — на самом деле они создаются нашим подсознанием, обрабатывающим информацию гораздо быстрее, чем мы осознаем! Вы спросите, почему некоторые из нас могут принимать более правильные суждения, чем другие?

Что отличает тех, кто делает точные суждения, от тех, кто этого не делает, так это их доверие к своей «интуиции». Они слушают то, что говорит им интуиция, и развивают эти навыки посредством сознательных усилий.

Тонкий срез можно определить с научной точки зрения как способность делать обоснованные суждения на основе небольших фрагментов информации. Многочисленные эксперименты доказали, что наши выводы о ком-либо остаются неизменными независимо от того, как долго мы с ним разговариваем – от пяти секунд до пяти минут![18] Наше подсознание замечает более тонкие черты человека, такие как моргание век, напряженные позы, улыбки или жесты, которые имеют тенденцию к проскользнуть мимо нас незаметно для нашего сознания.

Разве это не может быть потрясающе? Сделать точные предположения о ком-то, основываясь только на утверждении или микрохарактеристике, может быть очень точным.

Так почему же мы до сих пор не научились читать мысли людей? В основном из-за неспособности сформулировать эти суждения. Недостаток деталей на кончиках наших пальцев означает, что это невербальное декодирование происходит без нашего ведома, тем самым придавая столь большое значение первым впечатлениям, несмотря на то, что они не отражают реальность, а вместо этого действуют как сигналы нашего подсознания, что они могут содержать для нас ответы.

Мы, люди, запрограммированы доверять только себе, в определенных пределах. Негативная предвзятость мешает нам слишком сильно доверять себе. Вы можете подумать про себя: «Все это звучит великолепно; однако, если бы я больше доверял своей интуиции, я бы не купил эту книгу!»

Я понимаю вашу дилемму; слишком частое доверие своей интуиции вело меня на путь проигрышей в азартных играх! И хотя я не призываю позволять вашему подсознанию руководить вашими суждениями, наш мозг гораздо умнее, чем мы думаем! Знаете ли вы, что наш мозг может обрабатывать 11 миллионов бит информации каждую секунду? Однако наше сознание, похоже, способно обрабатывать только 40–50 бит. [19] Это огромный разрыв между тем, с чем на самом деле может справиться наш мозг, и с тем, с чем, по нашему мнению, он может справиться; хотя мы, возможно, обрабатываем всего лишь 50 бит, наше подсознание уже наблюдало, делало выводы и формировало мнения, гораздо более точные, чем все, что когда-либо могло нам предоставить наше сознательное понимание.

Для сравнения: наше подсознание проделало выдающуюся работу по обработке информации; к сожалению, мы просто недостаточно признаем его усилия. Представьте себе, если бы мы больше доверяли своему подсознанию при вынесении суждений; никакие другие навыки не могут потребоваться для доступа к мозгу людей!

Открытие искусства тонкого нарезки требует от нас распознавания наших подсознательных мыслей и правильной интерпретации интуиции. Не хороните те маленькие суждения, которые могут пройти незамеченными. Навешивая на кого-то ярлык, спросите себя, почему, и подумайте хорошенько: это он перенес вес с ноги на ногу или он закусил губу непосредственно перед тем, как высказаться?

Каким бы мощным ни было наше подсознание, оно также может столкнуться с сознательными предубеждениями и привести к некоторым неудачным решениям. Таким образом, не все при принятии решений полагаются исключительно на свою интуицию — потенциальная сила заключена внутри нас всех, ее просто нужно раскрыть и правильно использовать.

Тонкий срез предполагает узнать больше о ком-то с минимальной информацией. Их манеры, язык тела, почерк и одежда многое могут рассказать о них, если внимательно наблюдать и учитывать свое подсознание. Согласно бестселлеру Малкольма Гладуэлла «Морганием», тонкое нарезание предполагает использование «адаптивного подсознания». В то время как сознательный разум использует оценки, основанные на фактических данных, когда делает свои выводы о людях или событиях, основанные только на сознательном наблюдении, адаптивное бессознательное использует оценки, в лучшем случае с очень небольшими порциями доказательств в качестве источников.

Когда мы практикуем и совершенствуем это искусство тонкого нарезки информации, наш успех зависит от способности практиковаться и учиться с каждым полученным опытом. Подключаясь к своему подсознанию и фильтруя информацию вместо оценок, вы сможете лучше понимать других и прогнозировать их поведение.

Джон Готтман, уважаемый американский психолог, провел углубленное исследование с участием более 3000 пар, чтобы разработать так называемую «лабораторию любви». Используя этот метод сбора и дезагрегирования информации, Готтман пришел к выводу, что можно предсказать будущее брака, тонко нарезав соответствующие данные – не только собрав их все вместе, но и поняв их значимость. Эта теория фокусировалась не просто на сборе фактов, а на определении того, какая информация наиболее актуальна.

И это именно то, что вам следует делать. Ваше подсознание будет получать миллионы бит данных, но теперь ваше сознание должно решить, какая информация важна, а какая неважна; в этом заключается ценность знаний, содержащихся в других частях книги; используйте его инструменты, чтобы определить, какие действия, слова и индикаторы требуют вашего внимания, а какие не имеют отношения к лучшему пониманию людей.

Теория Готтмана предлагает сосредоточиться на мимолетных выражениях лица и диалогах, которые кажутся тривиальными, не привлекая к себе слишком много внимания. Хотя это и не даст немедленных результатов, необходима практика в распознавании закономерностей: вам нужно выявлять людей, которые лгут, хорошо скрывают свои эмоции или прячутся за экстравертным поведением. Чтобы со временем ваше сознание и подсознание плавно совпадали и позволяли рассчитывать оценки того, что находится в чьем-то уме. [23]

Время от времени мы все пытаемся понять, что кто-то имеет в виду, когда использует такие фразы, как «Мне все равно», «Почему вы думаете, что это важно» или «Со мной все в порядке»; они могут ощущаться как бомбы замедленного действия, которые требуют от вас быстро выяснить их истинные намерения, прежде чем отношениям будет нанесен какой-либо длительный ущерб! Вы жалеете, что много лет назад не записались на этот семинар по телепатии!

Интерпретация часто может быть сложной, особенно когда они не используют слова для прямой передачи своих идей. Слова — это лишь часть картины — чтобы спасти корабль, нужно добраться до дна океана и определить, где скрываются монстры — в этом и заключается чтение между строк!

Чтение между строк – искусство, способное спасти даже самые близкие отношения. Оно требует понимания, которое оставляет мало места для объяснений и позволяет создать идеальную среду для содержательного и продуктивного диалога. Смысл часто лежит за пределами слов, поэтому точки, запятые и восклицательные знаки играют столь важную роль в передаче их значения.

Знаки, которыми люди выражают свои истинные эмоции, часто могут быть ошибочно истолкованы как невинные жесты; но к этим знакам всегда следует относиться серьезно, как к индикаторам того, что то, что говорят люди, имеет скрытый смысл; например, такие слова, как «Я хочу всегда быть с тобой», могут показаться признанием в любви, но в сочетании с другими тревожными сигналами в неопределенных отношениях могут указывать на насилие или манипуляцию.

Как и следовало ожидать, в среде, населенной более чем 8 миллиардами людей со своими индивидуальными мыслями и личностями, одно предложение может не означать одно и то же, когда его произносят разные люди в разных контекстах. Вы должны слушать внимательнее, чтобы понять, что пытается донести другой человек. По словам Гэри Вонга, уважаемого инвестора в недвижимость и тренера, у нас два уха, но только один рот, поэтому слушание должно иметь приоритет над речью[23]. Будьте непредвзяты к тому, что люди говорят вам, и при этом глубоко понимайте, каковы их намерения, когда они говорят на их языке.

Одна из эффективных стратегий, которая поможет вам читать между строк, — это выждать некоторое время, прежде чем высказаться. Спешка с ответом может означать упущенное время, чтобы понять, что на самом деле было сказано; и если ваш коллега сделает то же самое, его сообщение может легко затеряться среди недопонимания и плохой коммуникации.

Когда кто-то использует такие фразы, как «Я не знаю» или «Я не уверен», не спешите с объяснениями, как только он говорит, что чего-то не понимает — вместо этого дайте ему время и оцените другие показатели, чтобы получить больше информации. более полную картину их сообщения.

Чтение между строк требует внимательного слушания и учета контекста, личности и ситуации при чтении истории. Автор часто не сообщает напрямую, что пытаются выразить его персонажи, а вместо этого предоставляет ситуации и подсказки относительно того, что с ними происходит - читатель может легко распознать этот индикатор, который предоставляет персонаж.

Вот отрывок из рассказа:

Ее ладони вспотели, когда она в пятый раз за час взглянула на часы, зная, что он придет около восьми. С каждой секундой приближаясь к восьми, она чувствовала, как ее колени слабеют, а кулаки сжимаются от предвкушения его прибытия. .

«Дорогая», — спросил ее муж через всю комнату. Она ответила просто. «Со мной все в порядке, просто холодно», — это все, что было сказано, не глядя ему в глаза. Когда в дверь позвонили, она глубже присела на диване, плотно обхватив грудью колени, ожидая неловкой встречи между мужем и его парнем.

Указал ли автор, что их персонажи вызывают беспокойство, но вы сделали это из языка ее тела и отрывка? Вы видели, когда она сказала: «Это будет долгая и холодная ночь», что речь шла не только о погоде? Скорее всего, это произошло естественным образом, потому что автор напрямую обращает ваше внимание на то, как персонаж реагирует в каждом абзаце текста.

Однако при взаимодействии с реальными людьми часто бывает трудно точно определить, что происходит, даже если что-то кажется неправильным. Доверяй своим инстинктам; даже если источник неясен на первый взгляд. Сделайте мысленную пометку, чтобы вернуться к сказанному - например, если кто-то из ваших братьев, сестер или близких друзей случайно упоминает, что будет дома в шесть: «Сэм волнуется, если я опаздываю».

Каким бы непринужденным ни казался разговор, что-то в нем кажется неприятным. Возможно, это был ее способ постоянно проверять время или ее поспешный тон; или это могут быть просто слова, выбранные без учета контекста или тона.

«Надо вернуться домой» звучит скорее как ультиматум, чем как выражение беспокойства, которое может указывать на то, что у нее нездоровые отношения со своим партнером; возможно, ни один из них не осознает эмоционального насилия, которое они испытывают под именем любви и заботы. Возможность обнаружить то, что пытался сообщить другой человек, позволяет нам увидеть нечто большее, чем то, что было сообщено напрямую.

Сосредоточьтесь на недосказанном – на молчании и паузах – чтобы лучше понять. Молчание может говорить о многом; например, если ваш ребенок внезапно замолчал, когда его спросили, как он провел день в школе; Аналогично, если слова, которые они решили не произносить, могут указывать на проблемы, на которые стоит обратить внимание во время других аспектов общения. Вы можете применить ту же стратегию при общении с кем-либо, кого вы хотите получить более глубокое понимание.

Какие вопросы или темы они избегают обсуждать; когда они делают слишком длительную паузу между разговорами; меняется ли их тон при обсуждении определенных людей или событий; эти наблюдения помогут вам лучше понять их обоих как отдельных личностей, а также глубже понять произнесенные слова.

Точно так же, как при разговоре с детьми о школе, при общении с людьми, которые неохотно делятся информацией или с теми, кто предпочитает использовать непонятную лексику. Ваши вопросы и ответы должны быть тщательно структурированы для достижения максимального эффекта и эффективности.

Убедитесь, что вы делаете все это в контексте; всегда помните о ситуации, обстановке и обстоятельствах, наблюдая за кем-либо. Будьте осторожны, если кто-то звучит отстраненно из-за отвлечения от окружающей среды. А могут молчать во время разговоров о каких-то событиях — не потому, что хотят что-то скрыть, а из-за незаинтересованности или отвлечения от обсуждаемого.

Точно так же, как понимание другого требует времени, последовательности и понимания, так и понимание того, что кто-то говорит между строк. Анализ каждого слова и молчания момент за моментом только еще больше запутает ситуацию; вам нужно только присутствовать и быть внимательным при прослушивании и мысленно анализировать все, что вы слышите, прежде чем делать выводы о возможных интерпретациях.

Аудитория TedTalk не просто становится свидетелем блестящих идей, представленных на TedTalk. Мотиваторы и влиятельные лица, добившиеся успеха, не обязательно обладают великими мыслями; это те, кто понимает, как их эффективно преподнести – посредством практики тона и высоты тона, категориальной структуры выступлений или даже использования освещения в СМИ для достижения максимального эффекта. Публичное выступление предполагает умение говорить, а не думать только о том, что нужно сказать. Публичные ораторы учатся искусству убеждения, чтобы завоевать расположение аудитории.

Публичные ораторы часто используют речевые модели, чтобы структурировать свое содержание и добиться максимального эффекта. Выбор этих шаблонов зависит от тем, аудитории и основной цели их речи — другими словами, разговоры должны служить своей истинной цели, если это их цель! Разговаривая с кем-то новым, убедитесь, что ваша цель ясна, чтобы вы могли сосредоточиться на отслеживании его ответов — читающие люди не должны собирать ненужные подробности о других.

Ускорение
Исследование, проведенное Институтом социальных исследований Мичиганского университета, изучило 1400 попыток звонящих убедить людей принять участие в опросе, используя один телефонный звонок на звонящего на каждую попытку убеждения. [24] Результаты показали, что те, кто говорил слишком быстро, не делая пауз, не смогли убедить других; исследователи исследовали беглость, скорость и высоту речи звонящих, пытаясь убедить других; Среди успешных убеждающих были люди, говорящие со скоростью около 3,5 слов в секунду — умеренно высокая скорость при убеждении других; [26]

Делайте правильные паузы
Для максимального влияния при попытке повлиять на кого-то идеальными являются четыре-пять пауз в минуту. Эти паузы позволяют другому человеку обдумать ваше сообщение, прежде чем ответить, и показать свое уважение к его мыслям и убеждениям, не боясь при этом позволить его мнению о ваших выводах развиваться с течением времени, тем самым увеличивая доверие между вами и ним.

Просодия (ударение, интонация речи и ритм) является неотъемлемым элементом эффективной речи, но слишком много просодии может иметь неприятные последствия. То, что мы говорим, может быть воспринято по-разному в зависимости от его подачи – поэтому, используя соответствующий тон и ритм, убедитесь, что то, что вы говорите, передается именно так, как задумано; слишком многое может оставить недоверчивую аудиторию в их руках; старайтесь не звучать оживленно при составлении предложений.

Используйте речевые шаблоны для достижения успеха

Существуют разные речевые модели, которые можно использовать в зависимости от своих целей при публичном выступлении, причем разные варианты влияют на то, насколько успешно будет доставлено их сообщение. Ниже приведены некоторые популярные модели речи ораторов при создании выступлений.

Тематический или логический подход. При передаче нескольких связанных между собой идей часто лучшим подходом является логическая организация информации, чтобы она перетекала от темы к теме, не создавая ощущения, будто вы прыгаете между темами без предоставления убедительных аргументов.

Хронологический: хронологическая организация информации работает лучше всего, когда данные должны следовать упорядоченному развитию, например, при рассказывании истории. Например, если вы хотите поговорить о результатах проекта, то структурирование событий в хронологическом порядке для большей ясности принесет большую пользу.

Причина и следствие: Как следует из названия, эта информация будет представлена с использованием причинно-следственных связей. Например, при обсуждении проблем на работе начните с объяснения их причины, а затем опишите, как это влияет на производительность, что может послужить следствием.

Проблема и решение. Подобно причине и следствию, проблема и решение используются как эффективное средство убеждения других предпринять действия, необходимые для решения конкретных проблем. Это эффективный метод убедить слушателей в том, как лучше всего подойти к решению той или иной проблемы или препятствия.

Речевые модели могут помочь четко передавать идеи и мысли. Людям нравится слышать знакомые шаблоны, которые они узнают и склонны легче принять; Дезориентированная информация часто приводит к недоверию между участвующими сторонами, поэтому, потратив время на то, как вы доносите свое сообщение, вы повысите как доверие, так и влияние на людей.

Использование эффективной речевой модели является ключом к предоставлению информации в легкоусвояемой форме и увеличению вашего влияния на кого-либо. Ваша цель будет рассматривать вас как авторитетного и логичного человека, которому они могут больше доверять и более свободно рассказывать о своих идеях и чувствах.

Глава 25: Всегда носите с собой положительную энергию

Мы часто формируем прочные связи с кем-то исключительно на основе того, какие чувства они вызывают у нас. «Я не знаю, зачем я вам все это рассказал, обычно я менее открыт.

Что такое «вайб» и как он может помочь мне установить контакт с кем-то? Проще говоря, атмосфера – это просто хорошая энергия, которая может оказать положительное влияние. Нет необходимости давать утверждения или бесконтрольно кивать; все, что нужно для связи, — это хорошая атмосфера, куда бы вы ни пошли!

Просто спросите любого мотивационного оратора или гуру личностного развития, и они порекомендуют окружить себя позитивными утверждениями о ваших целях. Хотя на первый взгляд это может показаться излишним, положительная энергия вскоре просачивается и так или иначе влияет на всех нас!

Именно такой эффект оказывает положительная энергия или атмосфера на других людей. Знание того, что кто-то принимает его идеи без критики, позволяет ему открыться вам без вопросов, предоставляя вам доступ к его мнению без вопросов! Все это становится возможным, когда окружающие люди несут с собой положительную энергию – хорошую энергию невозможно подделать, ее можно только обнаружить. Позитивный настрой распространяется быстро – всем нравится общаться с людьми, которые всегда видят светлую сторону! И с помощью этих советов и стратегий для создания позитивной атмосферы вокруг вас:

Продолжайте смотреть на светлую сторону

Как говорится, ваша реакция на то, что с вами происходит, определяет их результат. Вместо того, чтобы сокрушаться по поводу того, что кто-то вам скучен, используйте эту возможность, чтобы изучить способы, которыми они могут думать иначе, чем вы, и создать содержательные взаимодействия. Сосредоточение внимания на негативе только вызовет у вас еще больше негатива, который другие сразу же распознают.

Если ты этого не чувствуешь, не притворяйся

Сказать, что вы любите собак, может показаться пустым звуком; быть достаточно непредубежденным, чтобы принимать разные точки зрения, не навязывая согласия другим; когда люди поймут, что вы принимаете их право на противоположную точку зрения, а не притворяетесь, что вам нравится или вы согласны, ваш ответ будет гораздо более позитивным и приветствующим эти различия.

Практикуйте благодарность

Хотите знать, как благодарность может улучшить отношения? Начиная и заканчивая каждый день, будьте благодарны за все, что предлагает нам жизнь, и уважайте тех, с кем вы сталкиваетесь ежедневно, например, руководителей команд или братьев и сестер, не забывая выражать им признательность каждый раз, когда вы общаетесь. Ваша ежедневная практика благодарности может даже принести положительную энергию при общении с ними!

Раскройте негатив

К сожалению, мы все иногда можем испытывать накопление негативных мыслей, даже не осознавая этого. Это особенно актуально, когда мы связываем определенных людей с негативными воспоминаниями; например, если кто-то сделал оскорбительный комментарий в последний раз, когда вы с ним общались, это может вызвать неприятные воспоминания, которые сохраняются еще долго после прекращения взаимодействия. Попробуйте заменить негативные воспоминания более оптимистичными, чтобы создать оптимистичную атмосферу.

Медитация предлагает нам всем бесценный шанс расслабиться, расслабиться и почувствовать себя заземленным. Медитация дает вам прекрасный способ высвободить любую негативную энергию вокруг вас и оценить, какое влияние ваши действия оказывают на тех, кто находится в вашей сфере влияния. Более того, практика медитативных практик, таких как осознанность или духовность, может углубить связь со своим внутренним «я» и способствовать более глубокому миру.

Природа обладает целительной силой

Пребывание на свежем воздухе имеет потрясающие целебные свойства! Окруженные океанскими волнами, виды на вершины гор или звуки берегов реки могут творить чудеса, помогая нам расслабиться и исцелиться изнутри. Проведение времени на свежем воздухе доказало свою эффективность в том, чтобы сделать людей менее ожесточенными и более позитивными - сделать столь необходимый перерыв, поразмышляв и успокоившись с собой и друг с другом, важно для того, чтобы мы оставались счастливыми людьми!

Позитивная энергия в вашем общении может оказать волновое воздействие на других и побудить их более свободно открыться и быть честными в общении с вами. Страх осуждения, разочарования или гнева может заставить людей замкнуться или лгать, чтобы не показаться недружелюбными; создание комфортной атмосферы и хорошей энергии помогает людям расслабиться и переоценить то, как они вас воспринимают, а также то, насколько много себя они раскрывают в разговоре.

Как можно читать чьи-то мысли при общении через тщательно составленные электронные письма или телефонные разговоры? Или обнаружить, когда кто-то лжет, разговаривая по телефону? Точно так же, как вы можете интерпретировать межстрочное общение, такое как WhatsApp, которое в значительной степени зависит от избранных «смайликов»?

Цифровая связь предлагает нам множество преимуществ; мы можем связаться с людьми по всему миру, не вставая с дивана, но в то же время его ограничения могут ограничивать эффективность нашего общения. Однако благодаря прогрессу в развитии после Covid мы научились более эффективно взаимодействовать. Учащиеся оказались более внимательными на онлайн-классах, чем на аудиторных, поскольку они не могли следить за взглядом учителя, не зная, за кем он/она смотрит на экране своего компьютера! Однако технологиям еще предстоит пройти некоторый путь, прежде чем они смогут сравниться с человеческим теплом и близостью человеческого контакта один на один.

Раскрыть кого-то может быть непросто, если вы не уделяете ему полного внимания; спать, есть или находиться в толпе. В большинстве случаев вы даже не будете знать, включен ли их динамик во время видеозвонков или чтения полных текстов перед ответом, что затрудняет понимание людей на этих цифровых платформах; однако существуют методы, которые вы можете использовать, чтобы точно интерпретировать то, что кто-то пытается сообщить.

Послушайте, возможно, я уже упоминал об этом несколько раз, но выплеснуть критику и конфликты в киберпространство может быть проще, чем напрямую общаться с кем-то. Хотя ваши разногласия могут показаться не такими серьезными, когда они выражаются в текстовом сообщении, они все равно ограничивают нашу способность слушать, читать или понимать друг друга.

Следите за индикаторами

Независимо от того, где находится человек, его тон, выбор слов и окружение могут стать индикаторами того, как работает его разум. Например, сколько времени кто-то отвечает на электронные письма? Или быстро ответить по SMS? Или в их голосе есть какое-то ощущение срочности? Уделив хоть немного внимания, мы сможем получить о них бесценную информацию!

Сохраняйте выверенный подход

Людей бывает трудно читать лицом к лицу, а тем более на экране, что еще больше затрудняет неправильное прочтение их тона, выбора слов или пауз. Мы можем неправильно истолковать их текст, когда нам доступны ограниченные показатели. Общение лицом к лицу позволяет нам создать точное изображение человека на основе множества аспектов, таких как выражение лица, язык тела и общая «атмосфера». Когда вы общаетесь по телефону или посредством текстовых сообщений с другими людьми, убедитесь, что вы не делаете поспешных выводов на основе ограниченных данных. Обращайте внимание на то, что говорят, и задавайте вопросы, когда это необходимо для ясности. Если во время разговора возникают предположения, задайте вопрос, достаточно ли имеющихся данных для точных наблюдений.

Как я могу распознать лжеца по телефону или SMS

Обнаружение лжи требует острых наблюдательных навыков; но поскольку в текстовых SMS-сообщениях или электронных письмах отсутствуют многие обычные контрольные сигналы, детекторы лжи предоставляют достаточно данных, которые позволяют провести точное обнаружение с помощью этих цифровых платформ. Вот несколько признаков того, что кто-то лжет вам в письменной форме:

Тот, кто говорит ложь, может показаться неорганизованным, и его трудно связать с одной сюжетной линией, он постоянно меняет темы, пытаясь скрыть или замаскировать правду. Они могут попытаться слишком усложнить ситуацию или выдвинуть ложные утверждения, которые не сходятся воедино; одним из способов обнаружения этих сообщений в текстовых сообщениях может быть поиск длинных абзацев текста, которые не дают ясности по теме в контексте; если бы это была правда, вам не нужно было бы перечитывать ее еще раз, чтобы понять, что произошло на самом деле.

Они преувеличивают ненужную информацию или избегают отвечать на конкретные вопросы.

Если кто-то задает вам вопрос, требующий прямого ответа, вы всегда можете уйти от ответа, отказавшись. Скажем, например, вы спросили своего партнера, где он, но не получили ответа; четыре часа спустя они сообщают вам, что их батарея разрядилась, но при этом сообщают, где они находятся в этот момент - это является ложью по причине умолчания, поскольку в тот момент они говорят правду, но предпочитают не отвечать, когда запрос был впервые сделан; кроме того, они могут попытаться дать слишком сложные ответы, чтобы попытаться избежать прямого ответа и полностью сорвать разговор.

Никто не отвечает

Прошли те времена, когда отправка сообщения была подобна бросанию камней в океан, когда вы не знали, когда и дойдет ли оно до получателя; теперь мы точно знаем, когда пришло наше сообщение, когда оно было просмотрено и находятся ли они «в сети». Большинство приложений для обмена сообщениями отображают многоточие (...), когда кто-то печатает свой ответ, поэтому мы знаем, что его можно ожидать в любую секунду!

Слишком много информации. Люди склонны давать объяснения. Съели бутерброд коллеги на работе? Скорее всего, вы предложите объяснение (возможно, продолжительностью пятнадцать минут), почему это произошло. Точно так же, говоря ложь, мы склонны преувеличивать в своих ответах, чтобы скрыть то, во что, по нашему мнению, люди верят; некоторые люди регулярно пишут длинные тексты, но если ответы становятся необычно длинными, это может свидетельствовать о том, что они объясняют информацию, которую решили не раскрывать.

Представьте себе, что вы втянуты в текстовый спор, в котором обе стороны высказывают свои точки зрения, строя длинные ответы, пока вы не зададите вопрос, и разговор резко не перейдет от ответа к другой теме. В таком случае их попытка быть занятым может указывать на их намерение прервать эту нить разговора и полностью перейти к чему-то другому.

«Ты ходил к ней домой после того, как я просил тебя не делать этого?»

Она выглядела ошеломленной. Удивительно, как мало доверия между нами! К сожалению, сейчас у меня нет на это времени, так как нужно постирать; поговорю с тобой позже свидания."

Глава 27: Ваш план действий на будущее

Здесь у вас есть все — все инструменты, необходимые для понимания людей. Имея в руках путеводитель по людям, вы сможете получить глубокие знания о том, почему люди говорят именно так, ведут себя определенным образом и говорят то, что говорят – от характеристик личности и стиля общения до влиятельных лиц, которые их формируют; все эти знания у вас под рукой, но понимание кого-то может потребовать времени, усилий и немного догадок!

Разум — сложная структура, и чтобы расшифровать ее, необходимо продолжать понимать ее сложность. Даже если вы знакомы с человеком в течение многих лет, незначительные конфликты или разногласия могут затруднить объективное выслушивание того, что он говорит.

Поэтому я часто подчеркиваю важность практики и наблюдения, когда дело касается понимания людей. Вы должны осуществлять контроль над своими мыслями, проявляя при этом большую адаптивность при чтении убеждений и стилей общения других людей, чтобы правильно интерпретировать их слова. Вот план и напоминание обо всем, что вам следует брать с собой каждый раз, когда вы хотите понять кого-то и распутать сложности его невысказанного языка.

Будьте морально готовы читать людей

Каждый раз, когда вы вступаете в разговор с другим человеком, проведите инвентаризацию себя. Задайте себе несколько ключевых вопросов, например: * Сформировал ли я уже какое-либо мнение о них? или >> Существуют ли какие-либо предубеждения и предрассудки, которых мне следует опасаться?

* Способен ли я умственно и эмоционально попытаться понять кого-то? * Какие аспекты следует учитывать, пытаясь кого-то прочитать?

*Какие внешние факторы могут повлиять на мое решение? Задавая этот вопрос, вы сможете относиться к другим людям без предубеждений и осуждений. Чтобы внимательно наблюдать за людьми, будьте внимательны - освободите свой разум от других задач и мыслей, чтобы сосредоточиться на наблюдении за теми, кто вас интересует, не принимая их как нечто само собой разумеющееся - внимательно следите за языком их тела, выражением лица и словами, слушая внимательно и беспристрастно.

Проводите время, изучая людей. Овладение любым искусством требует времени и самоотверженности. Чтение людей требует постоянного изучения, чтобы дать точную оценку людям разного происхождения. Чтобы сделать это правильно, необходимо наблюдать за многими людьми из разных слоев общества, чтобы сформировать о них точные суждения. К чтению людей следует подходить целостно. Хотя было бы неплохо понять, что думает ваш начальник или какое сообщение ваш партнер пытается передать через комнату, чтобы сделать это должным образом, необходимо понимать закономерности, поведение и мотивацию всех, с кем вы контактируете. Для этой задачи необходимо уметь распознавать эти закономерности, наблюдая за несколькими людьми. Примите это умение во внимание при общении с пассажирами общественного транспорта, при общении с продавцами в универмагах или даже с парикмахерами.

Практика приводит к совершенству, поскольку чем чаще вы идентифицируете и замечаете людей с разными типами личности и стилями общения, чтобы эффективно передавать их сообщения. Более того, практика позволит вам отказаться от предубеждений и предубеждений и наблюдать за людьми, не делая поспешных суждений об их характере или жизненной ситуации. Навыки чтения людей являются незаменимым активом для личного и профессионального роста, помогая вам лучше понимать людей и их мотивацию. Осознание того, что чья-то громкость может быть вызвана не агрессивной речью, а проживанием с пожилыми бабушкой и дедушкой с потерей слуха, может открыть вам новую перспективу. Внимательно слушая, когда люди говорят, задавая о них соответствующие вопросы и проявляя интерес к их историям, вы сможете построить значимые отношения как в профессиональном, так и в личном плане. Время, потраченное на знакомство с людьми, принесет дивиденды как на работе, так и за ее пределами!

Терпение и внимательность всегда необходимы
Научиться вязать может быть непросто. Практика ведет к совершенству, как и бесчисленные попытки вязать одеяла до тех пор, пока не будет доведен до совершенства каждый узел, но как только в фокусе внимания окажется фактическая задача плетения каждого узла, вы остро осознаете, сколько терпения, внимания и самоотверженности требуется для изготовления одного образца. ткань за другой. Точно так же внимательное внимание может показаться простым в теории, но иногда трудным, когда приходится общаться с теми, с кем вы категорически не согласны, или когда наблюдаете за языком тела кого-то, кого вы считаете неинтересным - обе задачи требуют практики, если они хотят, чтобы результаты были правильными!

Терпение и внимательность помогут вам преодолеть эту проблему и получить опыт знания и понимания людей с разных точек зрения. Только когда вы терпеливо и внимательно выслушаете кого-то, с кем вы не согласны, вы научитесь наблюдать и читать людей, выходя за рамки личных ограничений.

Будьте искренними и уязвимыми. Делайте мысленные заметки, когда видите, что кто-то отстраняется во время разговора. Люди могут быстро обнаружить враждебность и осуждение; они знают, когда кто-то пытается ходить вокруг них по яичной скорлупе. Не ожидайте, что кто-то откроется вам, сидя за плащом с увеличительным стеклом, пытаясь вести себя с ним формально или холодно; Чтобы кто-то открылся вам, он должен чувствовать себя достаточно уверенно, открываясь вам свободно и безопасно.

Будьте непредубеждены, вынося свои суждения

Этот вопрос обсуждался достаточно часто, поскольку быстрые суждения и оценки о людях, основанные на предвзятости и предрассудках, являются основной причиной того, что они закрываются, или вы делаете на их основе неуместные оценки. Практикуйте отсрочку суждений или выводов, наблюдая за кем-то. Будьте осторожны, если в первую очередь вы думаете, что кто-то танцующий на улице пытается привлечь внимание – немедленно остановитесь! Например, если они кажутся достаточно счастливыми, танцуя, и вы думаете, что «им нравится привлекать внимание», немедленно остановитесь, прежде чем делать выводы о том, что может произойти, или думать, что им просто нравится, когда их замечают, и делать предположения, основанные на предположениях.

Заключение

На этом этапе должно быть очевидно, что обучение чтению людей — это путь самопознания и оценки; вы осознаете это, когда понимаете, что речь идет также о том, чтобы узнать больше о ВАС, а также о другом человеке. Это помогает нам признать ограничения внутри себя, чтобы мы могли создавать более глубокие и значимые связи друг с другом, что в конечном итоге дает нам представление об их мотивах, стремлениях и, самое главное, мыслях.

Поймите, почему это начало каждого пути. Неважно, идет ли речь о бизнес-школе, медицинской школе или юридической школе — все начинается с ответа на один вопрос — почему вещи происходят именно так, как они происходят. Как только на этот вопрос будет дан ответ, все остальное органично встанет на свои места. Чтение людей — это ответ на этот вопрос для общения, и, получив ответ, он может открыть всевозможные возможности и устранить барьеры предрассудков и недопонимания. Понимание кого-то приводит к более крепким отношениям. Умелое общение будет служить вам на протяжении всей жизни. От руководства членом команды или убеждения родителей в своих стремлениях до понимания мотивов и мыслей другого человека — знание мотивов вашей цели дает вам возможность быть услышанным и уважаемым. Какое преимущество вы нашли! Каждая страница этой книги подобна открытию ящика, полного загадок, связанных с поведением человека – только эта книга дает лишь проблески! Люди не склонны четко падать ни на черные, ни на белые категории — они бывают самых разных оттенков! Скорее всего, с каждым днем вы будете узнавать все больше и больше о тех, кто живет с вами. Их реакции могут различаться в зависимости от жизненного опыта, эмоций и влияния окружающей среды — чтобы понять их во всем, лучше всего оставаться в курсе этих изменений и соответствующим образом адаптироваться.

Так что теперь легче, чем когда-либо, распознать эти изменения: от плохого настроения и негативных людей до лжи и трудностей с выражением эмоций. Используйте это разумно и ответственно – вы нужны миру! Используйте эти теории в работе и с теми, которые вы цените, потому что деревьям для выживания по-прежнему нужны солнечное тепло и питательные вещества в хорошей почве. Понимание необходимо для того, чтобы быть понятыми, и нам нужно оставаться в курсе того, как думают люди, чтобы мы могли защитить их интересы и одновременно понять свои собственные. Пусть вы всегда используете чтение с умом как способ углубления и развития значимых отношений.

КОНЕЦ